GENÉTICA

Mayana Zatz

GENÉTICA
Escolhas que nossos avós não faziam

prefácios:
Jorge Forbes
Adriana Diaféria

GLOBOLIVROS

Copyright © 2011 by Mayana Zatz

Todos os direitos reservados. Nenhuma parte desta edição pode ser utilizada ou reproduzida – em qualquer meio ou forma, seja mecânico ou eletrônico, fotocópia, gravação etc. – nem apropriada ou estocada em sistema de bancos de dados, sem a expressa autorização da editora.

Texto fixado conforme as regras do Acordo Ortográfico da Língua Portuguesa
(Decreto Legislativo nº 54, de 1995)

Editor responsável: André de Oliveira Lima
Coordenação editorial: Martha San Juan França
Preparação: Juliana de Araujo Rodrigues
Revisão: Ana Maria Barbosa e Carmen T. S. Costa
Capa: Paula Astiz
Fotos da capa: Bettina von Zwehl

1ª edição, Editora Globo, 2011
5ª reimpressão, 2022

DADOS INTERNACIONAIS DE CATALOGAÇÃO NA PUBLICAÇÃO (CIP)
(CÂMARA BRASILEIRA DO LIVRO, SP, BRASIL)

Zatz, Mayana
　　Genética : escolhas que nossos avós não faziam / Mayana Zatz ; prefácios Jorge Forbes, Adriana Diaféria. – São Paulo : Globo, 2011.

　　Bibliografia
　　ISBN 978-85-250-5034-2

　　1. Clonagem 2. Comportamento 3. Sociedade 4. DNA
I. Forbes, Jorge. II. Diaféria, Adriana. III. Título.

11-08703　　　　　　　　　　　　　　　　　　　　　CDD-576.5

Índice para catálogo sistemático:
1. Genética : Ciências da vida　　576.5

Direitos de edição em língua portuguesa para o Brasil
adquiridos por Editora Globo S.A.
Rua Marquês de Pombal, 25 — 20230-240 — Rio de Janeiro — RJ
www.globolivros.com.br

A meus pais, que me transmitiram a herança dos valores éticos.

A meus filhos, Fabio e Cintia, as minhas mais importantes obras de engenharia genética.

A vocês, protagonistas dessas histórias, por manterem vivo um eterno questionamento.

Agradecimentos

Este livro não teria sido possível sem a participação de inúmeras pessoas do Centro de Estudos do Genoma Humano que me acompanham há muitos anos e por quem tenho um enorme carinho e gratidão. Listar todas é uma missão impossível — além do enorme risco de esquecer nomes importantes. Mas eu não poderia deixar de agradecer profundamente à dra. Rita de Cássia Pavanello — uma pessoa fantástica —, minha parceira em todas as situações aqui relatadas e com quem passei horas analisando, discutindo, questionando qual seria a melhor conduta em cada um dos casos. A Maria Rita Passos-Bueno, Mariz Vainzof e Constancia Urbani pelo constante apoio e amizade ao longo dos anos. Ao Jorge Forbes e equipe de psicanalistas pelas ricas discussões.

Sou profundamente grata também ao Drauzio Varella, uma das pessoas que mais me incentivaram a escrever este livro e ao saudoso Oswaldo Frota-Pessoa, meu mestre e pai científico, pelo exemplo e por tudo que me ensinou.

Ao Instituto de Biociências, à Universidade de São Paulo e às agências financiadoras de nossas pesquisas, em particular ao CNPq e à FAPESP, que possibilitaram este trabalho de tantos anos, meu mais sincero MUITO OBRIGADA.

SUMÁRIO

Prefácios
   Um futuro que já é presente, por Jorge Forbes......11
   Direito em um mundo em transformação,
   por Adriana Diaféria..........................15

Introdução......................................21

1. Paternidade ou o direito de "não saber"......... 37
2. Confidencialidade: esses genes são meus........ 49
3. Diagnóstico pré-natal ou o que você vai ser quando crescer... 61
4. Gêmeos, trigêmeos e até mais................ 75
5. Menino ou menina: o que você faria se pudesse escolher o sexo do bebê?..................... 83
6. Embriões salvadores ou o motivo pelo qual eu nasci..................................... 93
7. Projeto Genoma ou o que esperar de nossos genes......................................103
8. Loira ou morena, alta ou baixa, atleta ou cientista: os genes fúteis.................................119

9. Pesquisas com células-tronco e um alerta sobre o mercado paralelo 133
10. Bancos de cordão umbilical para todos ou só para você? 147
11. Testes de DNA na farmácia ou com aconselhamento genético? 157
12. Bancos de DNA ou a história particular ao alcance dos outros 169
13. Clonagem ou o que nos reserva o futuro 179

Para entender melhor 189
Saiba mais 203

Um futuro que já é presente

ESTE LIVRO É A base de uma medicina do futuro, do que vai nos acontecer, não do que nos aconteceu. Este livro é uma bomba em todas as certezas acomodadas; ele coloca problemas, página a página, frente aos quais nossas bulas de bem viver entram em parafuso. A genética está para o século XXI assim como a física esteve para o século XX. Os avanços da genética deixam para trás uma forma de viver e geram problemas de ordem ética que não podem ser resolvidos geneticamente. É o que faz Mayana Zatz em seu texto. Em linguagem simples, clara, precisa, instigante e até mesmo divertida, ela vai implacavelmente apertando o torniquete nos cérebros dos leitores, convidando docemente a responder questões impossíveis, nas quais ela, sempre na primeira pessoa com a qual escreve, incita o leitor a participar. Como recusar tão perigoso e ao mesmo tempo inevitável convite? Impossível. Não só pela gentileza enérgica da autora, mas, e principalmente, porque não há como escapar às perguntas que ela coloca. As histórias relatadas na minúcia de suas particularidades são as histórias de todo mundo, promovendo um encontro marcado com um futuro que já é presente.

Este livro é uma decepção para aqueles que vivem correndo atrás de reduzir a experiência humana a uma tabela de genes onde tudo estaria previsto, como se houvera um *maktub*, um "estava escrito" científico. Os que veem os geneticistas como astrólogos autorizados pela Academia, com título de doutor, vão sofrer nessas linhas, vão ficar embaraçados. Por outro lado, é um bálsamo aos que compreendem que o mais essencial da humanidade é ser criativo, a saber, onde falta a determinação biológica, porque somos seres incompletos, podemos criar, inventar, mudar. Uma vaca é sempre uma vaca, um homem... nem sempre.

Este livro é um incômodo a uma parte da imprensa que adora publicar pesquisas, a maioria merecedora do Prêmio IgNobel, como se a vida se reduzisse a estatísticas. Achava que a genética iria ser a solução mais perfeita, por pensar que pesquisas escapam à opinião pessoal, sempre vista com desconfiança. Qual o quê! É só mostrar seus exames a dois médicos diferentes que você vai ver que as pesquisas sempre levam a marca de quem as interpreta. Por outro lado, é animador, pois chama à responsabilidade de cada um frente à imensidão das possibilidades atuais.

Este livro é uma provocação aos juristas, que terão que reinventar o Direito, que há muito já tropeça no obsoleto e que agora, aqui, cai de vez em contradições evidentes. Também os psicanalistas terão que refazer suas ideias perseguidas de que a genética é sua inimiga, por desconsiderar o sujeito. O número brutal de informações genéticas que será disponibilizado, a partir de agora, clamará pelos especialistas em interpretação.

Este livro, enfim, é para você encher sua bagagem de ideias sobre a vida humana neste século XXI e embarcar entusiasmado nessa viagem. Bom voo!

JORGE FORBES
Psicanalista e médico psiquiatra

DIREITO EM UM MUNDO EM TRANSFORMAÇÃO

SE OLHARMOS OS resultados dos avanços científicos nas últimas décadas, em especial a partir do início da década de 1990, temas como clonagem reprodutiva e terapêutica (quem não se lembra da meiga ovelha Dolly?), células-tronco, reprodução assistida, aconselhamento genético, farmacogenética, patentes biotecnológicas, bancos de cordão umbilical ou de DNA, bioética, ética em pesquisa, nanobiotecnologia, genoma humano e até mesmo a vida artificial, passaram a fazer parte do dia a dia das pessoas, seja por meio dos veículos de comunicação, seja pelo conjunto de iniciativas acadêmicas e de pesquisa, que se organizaram para difundir informações e incentivar o debate que contribui com o aprimoramento das políticas públicas voltadas para esses temas no Brasil.

A medicina laboratorial, a genética, a biologia celular e molecular e a bioinformática tiveram um expressivo avanço tecnológico e, consequentemente, levaram a um aumento da quantidade de informação em escala de difícil alcance inclusive para os especialistas na matéria, o que dirá para os leigos. E até mesmo em razão dessa virtuosa evolução de conhecimentos, os consensos éticos e científicos estão em permanente processo de construção, principalmente em relação às descobertas mais recentes. Somado a isso, o avanço industrial também tem identificado importantes oportunidades nesses novos campos, o que coloca questões relevantes no desafio de construir políticas públicas adequadas e com ampla participação social.

Fruto da experiência das atividades desempenhadas pela autora ao longo de sua trajetória de vida e, em especial, no Centro de Estudos do Genoma Humano, ligado ao Instituto de Biociências da Universidade de São Paulo, maior centro de estudos de doenças genéticas da América Latina, este livro acumula uma diversidade de conhecimentos/questionamentos e situações fáticas que nos permite uma reflexão ética, moral e jurídica mais aprofundada sobre os resultados desses avanços científicos e tecnológicos. Ele nos mostra, claramente, diversas questões éticas decorrentes da produção científica e tecnológica, não só do ponto de vista da relação do ser humano consigo mesmo, mas principalmente na ruptura de dogmas — como no caso da reprodução a partir de células somáticas e a manipulação, o congelamento e o descarte de embriões, entre tantos outros —, retomando a necessidade de se revitalizar as mais tradicionais questões filosóficas. Questões como: "O que é a vida?", "O que somos?", "O que desejamos ser?", estão presentes nessa discussão. Sem contar a interação dos seres humanos com as diferentes formas de vida no sistema ecológico, pois não podemos esquecer que fazemos parte de um macrossistema que depende de um equilíbrio harmônico para a sobrevivência de todas as espécies, o que ainda deve ser objeto de estudos mais aprofundados.

Para responder a essas questões, há pouco menos de duas décadas, a doutrina jurídica no Brasil vem buscando trabalhar numa proposta de sistematização dos elementos a serem regrados conforme os princípios do Direito, destinada a delinear os contornos pelos quais os comportamentos científicos, médicos e industriais poderão se realizar, ao mesmo tempo que estabelece o conjunto das sanções pelo descumprimento das regras e normas estabelecidas. Essa sistematização é nomeada por alguns como biodireito. Convém lembrar que, fora do Brasil, a discussão já se estabeleceu há mais tempo, tendo em vista o estágio científico-tecnológico mais avançado. Todavia, devido às diferenças dos contextos sociais, muitas vezes as análises comparadas não permitem a adequação dos conceitos ao estágio atual de desenvolvimento desses temas no Brasil.

O biodireito tem como pressuposto um conjunto de princípios, inspirados na bioética, que orientam a aplicação das normas jurídicas relativas às inovações científico-tecnológicas associadas ao código genético, substâncias e outras partes do corpo humano, visando à proteção da dignidade humana. Grande parte da doutrina jurídica especializada no tema tem entendido que os referenciais da bioética que contribuem, num primeiro plano, para a construção desse arcabouço jurídico são os princípios da autonomia do consentimento informado, da beneficência ou não maleficência, da justiça, da sacralidade da vida humana e da dignidade do ser humano, questões que de forma prática e sincera são abordadas neste livro.

Ocorre que, na prática, grande parte desses temas ainda precisa e deve ser enfrentada com profundidade pelo Poder Legislativo, uma vez que não foi objeto de tratamento jurídico adequado, ou, quando isso ocorreu, esbarrou em problemas conceituais que dificultam a efetiva aplicação das normas. É o clássico caso em que a dinâmica da ciência relativiza os conceitos já construídos em face dos novos resultados alcançados, e fica difícil estabelecer novos conceitos legais para temas que ainda estão em construção no campo ético e científico. Somado a esses fatores, o Poder Judiciário também precisa se aprofundar nessas questões, pois a falta de jurisprudências que reflitam esses novos referenciais bioéticos tem dificultado a melhor orientação na condução desses temas no campo prático.

A perplexidade humana em face dos impressionantes resultados da ação científica e tecnológica, em campos que até então eram de absoluto domínio da natureza ou da divindade, não pode paralisar o debate e a construção dos instrumentos necessários que permitam o progresso de toda a humanidade de forma digna, harmônica e consciente. Obviamente, o Direito não deve impedir o desenvolvimento científico, mas sim orientar os contornos mínimos que asseguram o equilíbrio e a ponderação de valores entre a preservação da dignidade humana e a ruptura de paradigmas resultante dos avanços do conhecimento e das técnicas. O vazio na regulamentação jurídica e no tratamento ético desses temas fragiliza a preservação dos valores mais fundamentais que estruturam as sociedades humanas, os quais devem ser fortemente respeitados e protegidos. Portanto, é imprescindível se considerar que as respostas e as soluções para esses dilemas deverão ser sempre buscadas, e iniciativas como a desta obra devem ser reconhecidas, em toda sua importância e na contribuição que trazem para toda a sociedade.

A riqueza deste trabalho está não só na contribuição que traz para a continuidade dos debates sobre as questões que envolvem o acesso e o uso das informações geradas pelos avanços científicos e tecnológicos, mas principalmente em razão da forma simples e didática com que aborda conceitos científicos e bioéticos que giram em seu entorno, permitindo a todo leitor interessado na temática entender um pouco mais dessa realidade e compreender as novas estruturas e dilemas que já estão sendo tecidas e que necessitam da participação de toda a sociedade para a construção dos novos pilares de sustentação das civilizações vindouras.

Dar oportunidade para a ampla disseminação dessas questões pode garantir um maior comprometimento de setores estratégicos do país voltados à genética, como é o caso dos gestores de políticas públicas de saúde, instituições de pesquisa, agências de fomento, conselhos de ética em pesquisa, Poder Legislativo, Poder Judiciário e toda a sociedade brasileira, de forma que sejam institucionalizados mecanismos adequados que garantam efetivamente o respeito à dignidade da pessoa humana, corolário maior da Constituição Federal brasileira, a partir da compreensão das novas relações que as ciências e as técnicas passam a estabelecer com o ser humano, na sua esfera mais íntima, de sua individualidade e de sua forma de ser e de estar no mundo.

Participar desse processo é fundamental para quem deseja estar consciente da realidade em que vive e se sentir capaz de exercer o direito pleno de poder fazer suas escolhas, para garantir sua dignidade, sua qualidade de vida e, acima de tudo, sua felicidade, pois todos nós estamos aqui para isso: sermos felizes.

Nossos avós não puderam fazer essas escolhas, mas as gerações futuras dependem das nossas.

ADRIANA DIAFÉRIA
Doutora em Direito das Relações Sociais pela PUC-SP especializada nos temas Biotecnologia, Acesso a Patrimônio Genético e Biossegurança

Introdução

Este livro é dedicado à geração que nasceu ou vai nascer nesta era revolucionária da genética. É também um livro para profissionais — geneticistas, médicos, pesquisadores, psicanalistas, antropólogos, advogados, juízes — que certamente se confrontarão com decisões difíceis na intersecção entre os avanços da genética e da tecnologia reprodutiva e os dramas pessoais das famílias daqueles afetados por doenças com essa origem. Por outro lado, este livro também é dedicado às inúmeras pessoas que, felizmente, não tiveram contato direto com esses dramas, mas pertencem a uma sociedade que tem a oportunidade de discutir, de refletir e de se posicionar sobre as implicações dos avanços científicos. O conhecimento do genoma humano e o desenvolvimento de novas técnicas — tais como reprodução assistida, diagnóstico pré-natal, diagnóstico pré-implantação, seleção de embriões, células-tronco, clonagem, terapia gênica, manipulação de genes — terão desdobramentos que se estendem a domínios que extrapolam o conteúdo objetivo das descobertas.

Por se tratar de questões difíceis de ser explicadas para quem não vive o drama de perto ou não é cientista, a evolução da genética costuma passar despercebida da maioria das pessoas. Até que uma manchete extraordinária nos jornais desperte a atenção e desafie a imaginação. O fato é que a ciência do século XXI, que já está revolucionando a medicina e o que temos de mais importante — o conhecimento do nosso genoma —, avança a passos rápidos demais. Quando me apaixonei pela genética, ainda adolescente, quase ninguém sabia o significado dessa palavra. Naquela época, poucos se davam conta de que esse ramo da biologia estava destinado a se tornar tão vital com tantas aplicações na vida humana. Hoje, mesmo quem não está familiarizado com as técnicas por trás desses avanços sabe o quanto eles são importantes até por meio de filmes, livros e novelas de TV. Mas não é o bastante. Como você vai perceber no desenrolar deste livro, a genética não envolve apenas ciência e técnica, mas dramas humanos, filosóficos, éticos e morais.

Ao me defrontar com a ciência e o sofrimento de famílias atingidas por doenças genéticas, tive a sorte de contar com excelentes mentores. Não posso deixar de mencionar o professor Oswaldo Frota-Pessoa, uma inteligência brilhante e uma pessoa extraordinária, extremamente amoroso com as famílias dos pacientes que o procuravam, e muito rigoroso com seus alunos no questionamento científico. Foi um líder inesquecível. Aprendi com ele que, para compreender algo de fato, temos que nos envolver. Ainda na faculdade, o professor Frota-Pessoa me abriu as portas de um mundo além dos livros e laboratórios ao me convidar para fazer parte do serviço de aconselhamento de famílias com portadores de doenças genéticas. Foi quando percebi que, ao entrar no campo da genética médica, eu poderia fazer pesquisa científica e ao mesmo tempo ajudar aqueles que sofriam com essas doenças. Comecei a me interessar pelas doenças neuromusculares, que atingem uma em cada mil pessoas, originando uma perda da musculatura e uma fraqueza progressiva. Muitos me perguntam por que, já que felizmente eu não tinha nenhum parente afetado. Foi um desses acasos determinantes na vida das pessoas.

Na década de 1970, ainda iniciante nesse trabalho, conheci uma moça muito jovem que procurava aconselhamento genético porque sua irmã tinha três filhos afetados por distrofia muscular de Duchenne, uma doença degenerativa letal que causa perda progressiva da musculatura, para a qual ainda não existe cura. Ela ia se casar e não queria que os filhos que viesse a conceber estivessem destinados a desenvolver a doença. Foi muito frustrante saber que eu não poderia fazer nada por aquela moça a não ser recitar estatísticas sem sentido para quem vivia o drama tão de perto. Naquele momento, decidi que gostaria de fazer mais para ajudá-la e a outras como ela, e assim estabeleci que aquele grupo de doenças seria o foco das minhas pesquisas.

A era da medicina molecular estava apenas começando e meu trabalho também. Enquanto fazia pesquisas laboratoriais e tentava aprender mais sobre as distrofias, iniciei o serviço que hoje está consagrado como aconselhamento genético. Trata-se de uma expressão que abrange um leque amplo de procedimentos, começando pelo diagnóstico (que se inicia com um exame clínico e diferentes exames moleculares). Uma vez confirmado o diagnóstico, é possível saber se há ou não chance de repetição daquela doença e se existem outros familiares em risco. É durante o aconselhamento genético que se discute qual é a probabilidade de desenvolver ou transmitir uma doença e as opções para evitar ou prevenir o mal. O que significa, na maioria das vezes, um alívio para quem vive sob a ameaça de doenças às vezes pouco conhecidas e enfrenta questões emergentes relacionadas à reprodução, experiências terapêuticas e tratamentos ainda não reconhecidos que frequentemente só visam ao lucro.

    Naquela época, sentia cada vez mais a necessidade de esclarecer e informar cuidadosamente as famílias com afetados sobre o que eram as alterações genéticas responsáveis pela doença que estava presente naquela família, quais os prognósticos, quais os riscos de terem outros filhos com o problema, e o que poderia ser feito para melhorar a qualidade de vida de todos que viviam com distrofias e outros males. Foi um período rico em que, a cada dia, surgiam mais informações e os desdobramentos da genética avançavam. Iniciei um laboratório independente em 1978, quando voltei dos Estados Unidos depois de meu pós-doutorado na Universidade da Califórnia. Com a colaboração das minhas alunas Maria Rita Passos-Bueno e Mariz Vainzof, hoje professoras da Universidade de São

Paulo, as pesquisas avançaram. Fomos pioneiras na introdução das técnicas de biologia molecular para o estudo de genes humanos no Brasil. Formamos uma equipe capacitada para estudar os pacientes desde o gene até as proteínas musculares que, quando ausentes ou defeituosas, eram responsáveis por aquelas doenças. Nesse período, conseguimos identificar vários genes novos responsáveis por doenças genéticas, principalmente neuromusculares. Foi o início da nossa contribuição ao projeto internacional que estava se desenrolando naquele momento. Descobrir os genes que causam doenças nos permite entender qual é a função deles — que é o objetivo maior do tão falado Projeto Genoma Humano.

Foi também nessa época que passei a revisitar os parentes de afetados que eu havia conhecido no início dos meus estudos, para avaliar se o aconselhamento genético havia tido algum impacto na vida reprodutiva das famílias com alto risco genético. Tive a boa notícia ao saber que nasceram poucas crianças afetadas naquelas famílias que havíamos atendido. A grande maioria tinha compreendido a natureza genética da doença que acometia seus filhos e o risco de vir a ter outros com o mesmo problema, tomando medidas contraceptivas eficientes. Por outro lado, me confrontei com uma triste realidade: o total abandono das crianças mais velhas que já haviam nascido antes do aconselhamento genético, na época em que eu havia iniciado meus estudos. Meninos que não tinham cadeira de rodas, acesso à escola, à fisioterapia ou a alguma atividade recreativa. Crianças excluídas da vida social.

Foi quando decidi que ser só cientista era muito pouco. Precisava fazer mais por eles. Fundei, em 1981, a Associação Brasileira de Distrofia Muscular, que presido até hoje. Graças a uma equipe multidisciplinar que trabalha em contato direto com a equipe científica, a expectativa de vida dos pacientes com distrofia de Duchenne, que dificilmente passava dos vinte anos, já ultrapassa os trinta e até quarenta anos. Recentemente um grupo de pesquisadores dinamarqueses entrevistou pacientes com distrofia que haviam ultrapassado os quarenta anos. Apesar de estarem todos em cadeira de rodas e dependentes para todas as atividades, mais de 80% deles declararam-se muito felizes. Essa porcentagem é bastante superior àquela encontrada na população saudável dessa faixa etária, conforme declararam os pesquisadores surpresos. Isso nos dá um enorme ânimo e reforça que não podemos medir esforços quando se trata de melhorar e aumentar a expectativa de vida desses pacientes.

Desde o início, já fazíamos testes para identificar se as irmãs dos pacientes de distrofia de Duchenne também tinham o gene com a mutação responsável pela doença. Essas meninas, identificadas como possíveis portadoras, não desenvolveriam seus sintomas, mas eram informadas que tinham alto risco de gerarem filhos doentes. Embora isso seja raro nos dias de hoje, naquela época era comum educar as meninas apenas para o casamento e para a procriação. Quando descobríamos que uma menina era portadora, orientávamos os pais a incentivá-la a estudar e a ter uma realização profissional, e não almejar casar e ter filhos como objetivo único na vida. A experiência mostrou que, embora a notícia de que eram portadoras de uma mutação capaz de produzir uma doença grave pudesse representar um impacto emocional, muitas delas, hoje adultas, nos procuram mais preparadas para tomar decisões reprodutivas e prevenir o nascimento de crianças afetadas. E é importante lembrar que os testes genéticos baseados em análise de DNA são hoje muito mais precisos que os testes bioquímicos de então. Além disso, tecnologias modernas, como o diagnóstico pré-natal no primeiro trimestre, bem como o diagnóstico pré-implantação, que veremos mais adiante, não existiam naquela época.

Essas pessoas e suas histórias de vida, dilemas e grandezas me ensinaram muito e me comovem até hoje. Elas nos levam a repensar e redimensionar nossos problemas constantemente. E, ao contrário do que muitos pensam, o retorno que recebemos dessas famílias, os seus exemplos, os seus ensinamentos, as suas lições de vida são infinitamente maiores do que qualquer ajuda que acreditamos estar lhes dando. São elas que nos motivam a lutar, a pesquisar, a não desanimar com os obstáculos. Lembro-me sempre de um pai tentando consolar uma mãe que estava desesperada. Acabara de saber que seu filho tinha uma doença progressiva e incurável. Ele olhou para ela e disse: "Você ainda não percebeu. Nós somos muito especiais. Nós fomos escolhidos para cuidar dessa criança". E o mais admirável é que esse pai não havia sido escolhido. Ele havia decidido adotar uma criança com distrofia muscular.

Culminando esse trabalho, em 2000, inauguramos o Centro de Estudos do Genoma Humano (CEGH), ligado ao Instituto de Biociências da Universidade de São Paulo, que é hoje o maior centro de estudos de doenças genéticas da América Latina e, desde a sua criação, já atendeu mais de 50 mil famílias interessadas em se submeter a aconselhamento genético. O CEGH tem quatro missões: pesquisa básica sobre o genoma humano e as doenças genéticas, atendimento genético às famílias com afetados (diagnóstico clínico e laboratorial de portadores, orientação e aconselhamento genético), ensino e divulgação.

Ao longo dos anos, enquanto continuávamos com os estudos, mapeando novos genes, tentando compreender o seu papel no processo das doenças, atendíamos as famílias de afetados, possibilitando-lhes o acesso à tecnologia de ponta e aos resultados mais recentes das nossas pesquisas. Esse envolvimento direto com as famílias permitiu selecionar ocasionalmente pacientes que poderiam contribuir para novas descobertas, em uma estrada de mão dupla: os pacientes permitindo avanços nas pesquisas e as pesquisas ajudando os pacientes. Isso porque famílias grandes, com vários afetados, são preciosas para mapear novos genes. Toda vez que identificávamos genealogias como essas, lá íamos nós, Brasil afora, em busca de todos os parentes. Visitar essas pessoas em lugares distantes, muitas vezes de difícil acesso, conhecer as suas histórias, a sua cultura, as suas crenças, foram experiências inesquecíveis. Éramos sempre recebidos com muito carinho. Foram essas famílias que nos permitiram identificar novos genes, entender quais eram as suas funções, o que havia de errado neles, por que causavam doenças. E, de posse dessas informações, podíamos dar um retorno nessa via de mão dupla: identificar nessas famílias quem tinha ou não risco de gerar novos afetados e como prevenir que isso acontecesse. Assim, os avanços na tecnologia molecular permitiram aprimorar o diagnóstico e a identificação de casais com risco de terem seus filhos afetados.

Esse conhecimento e a experiência do aconselhamento genético trouxeram novos e inúmeros questionamentos, não apenas para nós, mas para todas as pessoas que, em outras partes do mundo, se dedicavam a esse trabalho. Definiu-se que a procura de testes genéticos para diagnóstico ou identificação de casais em risco deveria ser voluntária. A exceção é o rastreamento de recém-nascidos para algumas condições que possam beneficiá-los com tratamento precoce, tais como fenilcetonúria (doença causada pelo defeito ou ausência de uma enzima, acarretando danos cerebrais) e hipotireoidismo congênito (quando a glândula tireoide do recém-nascido não é capaz de produzir a quantidade adequada de hormônios). Essas e outras doenças, como anemia falciforme e fibrose cística, podem ser detectadas pelo teste do pezinho, obrigatório por lei em todo o Brasil e parte do Programa Nacional de Triagem Neonatal realizado pelo Sistema Único de Saúde (SUS).

Fora esses casos, a privacidade de um indivíduo deve ser protegida de terceiros institucionais, tais como empregadores, seguradoras, escolas, entidades comerciais e órgãos governamentais. O diagnóstico pré-natal deve ser feito apenas para detectar condições genéticas e malformações fetais.

Estabeleceu-se também que, apesar do termo aconselhamento genético, o geneticista não aconselha. Ele deve apenas cuidar para que as possibilidades de escolha de seus pacientes sejam informadas e esclarecidas, sem emitir suas opiniões. As decisões sobre o que fazer com as informações contidas nos genes são exclusivamente dos interessados. Ouço frequentemente consulentes perguntarem: "O que você faria se estivesse no meu lugar?". Não podemos opinar. A percepção do risco genético, da gravidade da doença, de quanto isso irá influenciar na vida pessoal é uma questão totalmente subjetiva. Mas sempre me pergunto se, na prática, não acabamos transmitindo a nossa opinião ou nossos sentimentos involuntariamente por meio de um gesto, de um olhar.

Fomos percebendo claramente que, ao mesmo tempo que o aconselhamento genético permite prevenir o nascimento de novos afetados ou melhorar a qualidade de vida, também cria uma série de questionamentos éticos. Esses questionamentos não se referem apenas aos avanços mais recentes da medicina, ou à bioética de fronteira, mas também a dilemas cotidianos, tomando emprestadas as palavras de Giovanni Berlinguer, referindo-se às novas formas de nascer, viver e morrer em um mundo tecnicamente avançado, mas pleno de contradições. Estudiosos do tema, como Berlinguer e outros, se dedicaram à bioética, nascida na década de 1970, para alertar os pesquisadores, em particular os da área biomédica, quanto ao eventual uso eticamente inadequado dos avanços da biologia molecular. Não tenho a pretensão de ser uma profunda conhecedora dessa ciência, embora aprecie muito essas discussões. No entanto, o serviço de aconselhamento genético ao longo desses anos me permitiu reunir uma série de histórias que desafiam esse conhecimento, quando é baseado numa padronização de valores. São histórias que reuni e chamo a atenção para elas neste livro porque resvalam em conflitos, em dilemas pessoais para muitos dos quais não tenho respostas. Não são considerações teóricas. São histórias reais, histórias do genoma, ou da constituição genética de pacientes e famílias atendidos ao longo dos anos, cujos nomes, evidentemente, foram alterados. São questões que põem à prova vários princípios, como a confidencialidade, por exemplo, cuja garantia é um dos pilares do aconselhamento genético e uma das medidas tomadas para proteger os portadores de doenças ou seus descendentes. É um princípio muito justo, uma vez que o risco da quebra da confidencialidade pode resultar na discriminação decorrente de usos indevidos que possam ser feitos da informação genética. Mas a prática já demonstrou que as situações inesperadas resultantes dos avanços científicos extrapolam as respostas óbvias. O que fazer, por exemplo, quando há alto risco de sério dano para os familiares e a informação pode ser utilizada para evitar esse dano? Podemos interferir? Os casos relatados nos capítulos 1 e 2 e o impacto que as informações teriam sobre a vida das suas famílias ilustram bem esses dilemas.

Os avanços nas técnicas de diagnóstico pré-natal permitem a detecção de um número crescente de doenças genéticas no início da gravidez. Trata-se de um grande avanço incorporado, aos poucos, à rotina dos exames que asseguram a saúde do feto e a tranquilidade do casal. Mas se de um lado esses exames trazem segurança e uma gestação serena, por outro podem ter impactos – descritos a partir do capítulo 3 – que dificilmente alguém imaginaria há alguns anos.

E o que dizer dos testes preditivos, que permitem em algumas situações determinar em um recém-nascido se ele irá desenvolver uma doença trinta, quarenta, cinquenta anos mais tarde? Decidimos há alguns anos não testar crianças que poderiam ser portadoras assintomáticas de doenças que só iriam se manifestar na vida adulta e para as quais não existe tratamento, apesar da insistência de alguns pais que queriam ter seus filhos testados. Não há benefícios nessa descoberta. Ao fazer esses testes, você acaba tirando da criança a opção de decidir no futuro se ela deseja ou não saber se possui esse gene patogênico. Nossa experiência mostra que os jovens adultos preferem não ser testados ao compreender que nada pode ser feito para ajudá-los se o resultado do teste mostrar que eles terão a doença. Coletar uma amostra de sangue ou de saliva para um exame genético é muito fácil. Mas a lista de questões que uma pessoa precisa considerar antes de decidir fazer esses testes cresce a cada dia. Para que problema ela está sendo testada? Quais as implicações de um resultado positivo? Ou negativo? O que é possível fazer em cada um desses casos?

Com o desenvolvimento de novas tecnologias e a possibilidade de analisar o nosso genoma a um custo cada vez mais acessível, novas questões inesperadas tomam corpo a cada dia. Os dilemas e os questionamentos éticos, que eram, no início, restritos a famílias com afetados por doenças genéticas, estão tomando proporções maiores. Menino ou menina: o que você faria se pudesse escolher? Quantos filhos você está determinado a ter ao recorrer à fertilização assistida? É ético selecionar embriões de determinado sexo? Ou para tentar salvar um irmão afetado por uma doença letal, os chamados "irmãos salvadores"? E se no futuro essa tecnologia for usada para escolher embriões com determinadas características, tais como cor de olhos, estatura, habilidade para esportes ou outros motivos fúteis? Não se trata de uma nova eugenia? Quais são os limites? É o que procurei relatar nos capítulos 4 e 8.

Outro assunto polêmico: as células-tronco, que em passado recente motivaram tanta controvérsia. Estamos preparados para iniciar os primeiros testes clínicos? Por um lado, devemos sempre agir com cuidado nessas circunstâncias; por outro, as possibilidades são tão surpreendentes que a cautela exagerada pode resultar em não salvar vidas. Mal comparando, imagine um motorista de ambulância. Apesar de a regra ser o extremo cuidado e a cautela, o que fazer quando se está transportando um paciente à beira da morte? A ordem não é correr mais e dar o alerta para que os outros carros abram passagem? E os bancos de cordão umbilical: públicos ou privados? É ético cobrar por uma promessa ainda sem fundamento? São assuntos polêmicos que discuto nos capítulos 9 e 10.

Testes de DNA já estão sendo oferecidos em farmácias. Algumas das variantes genéticas são totalmente fúteis: cera úmida ou seca no ouvido, capacidade de sentir ou não alguns odores são exemplos do que chamei de genes da futilidade. Mas e os testes que prometem determinar se temos risco aumentado para algumas doenças como câncer, mal de Alzheimer ou outros problemas genéticos? Saber desses riscos vai nos ajudar ou simplesmente nos angustiar? Não estamos contribuindo para aumentar o número de hipocondríacos? E o mais importante: quem irá interpretar os resultados? Testes de DNA mexem com probabilidades de doenças que podem assustar os portadores se não tiverem acompanhamento adequado e explicações minuciosas sobre o que se pode fazer a respeito. Mas qual é o impacto que esses testes têm na vida das pessoas que já estão se submetendo a eles? Será que é tão significativo?

Bancos de DNA são outra questão polêmica. As amostras devem ser decodificadas para garantir o anonimato ou o registro de cada amostra deve ser mantido em confidencialidade? Quais são os prós e os contras de cada uma dessas condutas? É o que discutimos nos capítulos 11 e 12. E se, por um lado, a ética anda sempre "na rabeira" dos avanços científicos, os interesses comerciais estão sempre na dianteira. A genética não é exceção, como veremos.

E finalmente a clonagem reprodutiva humana. Hoje é um risco biológico inaceitável. Mas e se amanhã essa técnica puder ser realizada de maneira segura? É ético ou não? Quem deveria ser clonado? Quem deveria decidir?

Estamos vivendo em uma era invejável em termos de ciência. Novas descobertas são anunciadas a cada dia a uma velocidade comparável à água que jorra de uma mangueira de bombeiro. Aos poucos, elas interferem na vida de cada um. Não há como escapar. O que há de mais fascinante é que nesse mundo da genética, que tantos julgam determinista, o que menos há são certezas. A informação genética abala alguns dos nossos valores mais importantes, toma rumos inesperados e traz à tona reações contraditórias. É o que pretendi mostrar neste livro em que conto alguns dos muitos conflitos a que fui exposta ao longo desses anos. Não existe regra de conduta — ainda. Cada caso é um caso. Não tenho respostas para a maioria deles, mas convido você, leitor, a refletir junto e se posicionar ou a concluir quão difícil isso pode ser em algumas situações. Cabe à sociedade discutir, refletir e decidir: O que é ético? Quais são os limites? Estamos preparados para lidar com a avalanche desses novos conhecimentos?

Capítulo 1

PATERNIDADE OU O DIREITO DE "NÃO SABER"

ENTRE AS NOVAS TECNOLOGIAS relacionadas ao material genético, certamente aquela que mais se popularizou foi o exame de investigação da paternidade. Trata-se de uma tecnologia excelente que a genética oferece, esclarecendo situações de incerteza que no passado desgastavam os relacionamentos e a qualidade de vida dos filhos. Brinca-se que os testes de paternidade acabaram com a síndrome de Capitu, assim chamada em alusão ao romance *Dom Casmurro*, de Machado de Assis. Na história, Bentinho, casado com Capitu, é atormentado pela dúvida de ser ou não pai de Ezequiel, que se parece muito com Escobar, amigo do casal. No final, corroído pelas incertezas, Bentinho se separa da mulher e do filho.

Mas e quando a dúvida sobre a paternidade não existe e o exame de DNA revela segredos que a família gostaria que ficassem ocultos? Uma dessas situações ocorreu na Universidade de Leiden, na Holanda, e foi discutida em seminário por colegas do Departamento de Genética Humana com os quais fazemos pesquisas em colaboração. Eles haviam atendido, no serviço de diagnóstico pré-natal, Ingrid, uma advogada muito bem informada, que estava no início da gravidez. Seu pai tinha hemofilia e ela sabia que era portadora assintomática do gene causador da doença.

Hemofilia é o nome que se dá a um distúrbio na coagulação do sangue provocado por mutações no gene dos fatores VIII ou IX, que são proteínas envolvidas nesse processo. Nos casos mais graves, os sangramentos evoluem para hemorragias às vezes internas, ou em locais como músculos ou articulações. Muitas vezes, esses sangramentos resultam em restrição aos movimentos, aumento da temperatura e dor forte.

Ingrid contou que era muito ligada ao pai e sofria toda vez que o via nessa situação. Não queria colocar no mundo um filho com essa doença e estava disposta a interromper a gestação para que isso não ocorresse. Na Holanda, como em outros países europeus, isso é permitido quando se trata de doenças genéticas, desde que o casal manifeste essa intenção. É importante lembrar que, embora nesses países o aborto seja permitido desde que a mulher manifeste essa vontade, interromper uma gestação quando o diagnóstico pré-natal revela que o feto terá uma doença sem tratamento é sempre uma decisão dolorosa. Isso ocorre com casais que desejam ardentemente um filho, mas não acham justo colocar no mundo uma criança sabendo de antemão que ela será doente.

Lembro que, na Califórnia, onde fiz meu pós-doutorado, enquanto as enfermeiras tratavam com muito desprezo mulheres que queriam abortar por motivos sociais, havia toda uma equipe para dar suporte àquelas que interrompiam a gravidez porque o diagnóstico pré-natal havia revelado um feto doente. Além disso, tomávamos uma série de cuidados para tentar diminuir o vínculo materno-fetal e minimizar o sofrimento desses casais com alto risco genético enquanto esperavam os resultados dos testes. Por exemplo, usava-se sempre a expressão "feto em risco", e não "bebê em risco". Os profissionais do serviço de diagnóstico pré-natal eram orientados a não revelar o sexo em exames de ultrassonografia enquanto não se soubesse se o feto tinha ou não a mutação patogênica.

Mas voltemos a Ingrid. Para entender melhor o drama que ela estava vivendo, é preciso explicar que a hemofilia resulta de uma herança genética transmitida por um gene presente no par de cromossomos sexuais XX e XY. Normalmente, as mulheres, que são XX, têm apenas um dos dois genes alterado e o outro compensa a falha promovendo os fatores de coagulação em quantidade suficiente. Nos homens, entretanto, esse par é formado pelos cromossomos XY. Possuindo apenas um X, eles não têm como compensar a deficiência e, portanto, a produção da proteína fica comprometida.

Existem várias outras doenças genéticas que seguem o mesmo padrão de herança ligada ao cromossomo X. Isso explica por que as mulheres podem ser portadoras sem sinais clínicos, enquanto os homens manifestam a doença. O pai hemofílico transmite sempre o cromossomo X afetado para suas filhas. Elas não terão nenhuma manifestação, mas os herdeiros do sexo masculino têm uma probabilidade de 50% de ter o gene da hemofilia.

Hoje, já é possível determinar o sexo do bebê e se ele é portador ou não de uma mutação responsável pela hemofilia com apenas oito a dez semanas de gestação. É um exame simples, que analisa o DNA do feto, por meio da coleta intravaginal de vilosidades coriônicas (um tecido que origina a placenta). O primeiro passo é descobrir qual é a mutação, o que é feito por meio da coleta de sangue e análise de DNA da gestante e de seus pais, em particular, no caso de Ingrid, de seu pai afetado. Caso ela estivesse esperando um menino, seria necessário determinar se ele havia ou não herdado a mutação que causa a hemofilia de seu avô materno.

O exame foi feito com amplo consentimento de toda a família. Mas, ao fazer a primeira análise genética, antes do diagnóstico pré-natal, os pesquisadores holandeses descobriram inesperadamente que o senhor hemofílico não era o pai biológico de Ingrid. De um lado, tratava-se de uma ótima notícia. Significava que ela não era portadora e, portanto, nem poderia transmitir o gene da doença. Assim, não teria risco de ter um bebê afetado nem nessa gestação nem em uma futura gravidez. Mas como dar essa notícia?

Um dos primeiros mandamentos da ética médica é informar o paciente de todos os procedimentos que serão adotados. No caso de testes de reconhecimento de alguma doença, ele deve conhecer os riscos, os benefícios, os possíveis resultados e tudo o que seria possível descobrir com base em sua análise. O objetivo é deixar a pessoa totalmente informada sobre como esses exames podem eventualmente mudar a sua vida e as possíveis consequências sobre seu organismo ou de sua descendência.

Mas numa especialidade como a genética médica, em que as descobertas ocorrem tão rapidamente, é impossível prever todas as implicações éticas. E uma coisa que deve ficar clara é que, apesar de não ser um teste de paternidade, frequentemente o exame determina o vínculo genético entre a pessoa testada e seus parentes. E — o que continua chocando muitas pessoas — pesquisas realizadas nos Estados Unidos mostraram que esse tipo de informação "acidental", revelada pelo exame de DNA, não é rara. Em cerca de 10% das famílias testadas naquele país, o pai reconhecido não é o pai biológico da criança, o que pode alterar totalmente o risco para futuros descendentes daquele casal.

Segundo uma pesquisa americana realizada em vários países, 96% dos médicos consultados optam por não revelar o resultado do teste para manter a família unida. Uma minoria (13%) disse que ocultaria o fato ou mentiria a respeito (diria, por exemplo, que a mutação não está presente, apesar da doença familiar). Contei essa história em meu blog na revista *Veja*, e os comentários dos leitores foram bastante divididos. Muitos sugeriram que não se contasse a verdade, apenas revelasse que o bebê não corria riscos de vir a ter hemofilia. Diziam que se o exame solicitado foi de averiguação do gene de hemofilia, e não de investigação de paternidade, não existiria nenhum constrangimento e nem obrigação de revelar um fato que não diz respeito à saúde do filho de Ingrid. Outros disseram que o certo seria ter uma conversa com a mãe de Ingrid para que ela então contasse a verdade à filha e ao marido.

Houve quem achasse que se deveria revelar o resultado do exame para Ingrid e a mãe, e elas então decidiriam se contariam ao suposto pai. E houve também quem optasse pela regra básica: se toda a verdade deve ser dita, Ingrid e o pai também devem saber, e as consequências devem ser assumidas pela mãe. Os leitores que optaram por essa solução, no entanto, salientaram que a notícia deveria ser dada com todo o cuidado, com auxílio de psicólogo ou serviço especializado, lembrando o trauma que poderia causar a toda a família.

Como se vê, a questão é bem delicada e não há um consenso sobre isso. No caso de Ingrid, a família era muito unida e ninguém desconfiava da situação. Contar a verdade — mesmo que fosse apenas para a futura mãe — poderia desestruturar a relação familiar. Não contar implicava fazer exames que não deixam de ser invasivos e desnecessários. O que você faria se estivesse na situação dos geneticistas responsáveis?

Histórias desse tipo ocorrem também aqui no Brasil. Eu mesma tive a oportunidade de atender Sônia, uma mulher casada havia mais de dez anos, cujo pai tinha coreia de Huntington, uma doença neurodegenerativa que, em geral, só se manifesta após os quarenta anos de idade. A doença, que se caracteriza por uma perda progressiva dos neurônios (as células nervosas), não tem cura e costuma progredir muito rapidamente. Indivíduos de ambos os sexos são igualmente afetados. O risco de um descendente de uma pessoa afetada herdar a mutação também é de 50%.

Em casos incuráveis e de manifestação tardia como esse, a nossa conduta é desestimular adultos em risco que queiram se submeter a esses testes genéticos enquanto não houver tratamento adequado ou preventivo. Não testamos crianças mesmo que esta seja a vontade dos pais. Em vez de trazer benefícios, um diagnóstico positivo pode significar um peso enorme que a pessoa terá que carregar durante toda a juventude. É como uma bomba-relógio cujo prazo para detonar não pode ser previsto nem interrompido.

A situação de Sônia, porém, era diferente. Após dez anos de casamento, ela queria ter um filho, mas temia passar o gene da doença paterna para seus descendentes. E vivia um dilema: se fizesse o teste, e o resultado fosse positivo, teria de conviver com o drama. Se não se submetesse ao teste, não teria coragem de engravidar.

Na primeira consulta de aconselhamento genético, Sônia veio acompanhada do marido e da mãe. Enquanto o primeiro, vendo o seu sofrimento, a aconselhava a desistir do teste, a mãe, por outro lado, insistia em que ela levasse o caso adiante. Estranhamos a sua atitude porque, em geral, as mães querem poupar seus filhos dessa carga. Mas, depois que o casal deixou a sala, a mãe revelou o motivo de sua insistência. Disse que o pai de Sônia não era de fato seu pai biológico, mas ela não tinha coragem de contar para a filha, mesmo vendo todo o seu sofrimento, porque temia que Sônia não a perdoasse.

Fica novamente a pergunta: em casos como esse, devemos entrar no jogo familiar e realizar o teste, mesmo sabendo que é desnecessário, porque não há mutação a ser revelada? Contaríamos a Sônia que ela não era portadora e o motivo que nos levava a afirmar isso? Ou nos recusaríamos a fazer o teste esperando que a mãe se manifestasse? Não há consenso, como foi mostrado na situação anterior pelos colegas holandeses. Discutimos esse caso com a equipe da Clínica de Psicanálise que assessora nossos estudos do Genoma Humano. O nosso sentimento era de raiva daquela mãe, por deixar a sua filha sofrer tanto tempo sem necessidade. Afinal, seria tão mais fácil contar-lhe a verdade. Dizer que ela poderia perseguir o seu sonho de ser mãe sem susto porque não era portadora daquela mutação. E, ainda por cima, que estava livre para sempre do terror de poder vir a manifestar a doença no futuro. Mas o grupo de psicanalistas nos orientou e preferiu manter em suspenso aquela tensão no domínio familiar, apostando que as posições, especialmente a da mãe, mudariam. Sônia não voltou a nos procurar e engravidou. Desconfio que a mãe tenha afinal contado a verdade.

O fantasma da falsa paternidade, no entanto, costuma assombrar os clínicos de formas totalmente inesperadas. Esse caso não aconteceu comigo, mas me foi relatado por colegas. Paulo era um adolescente que estava com leucemia, uma doença do sangue que pode ser curada com transplante de medula óssea ou sangue de cordão umbilical de um doador compatível. O sangue doado precisa ter a máxima afinidade possível com o do receptor para que não haja rejeição e, para isso, é feito um teste de compatibilidade chamado Antígenos Leucocitários Humanos (HLA, na sigla em inglês).

Quanto maior a compatibilidade dos HLA, maior a probabilidade de êxito do transplante. Em gêmeos idênticos, os antígenos são exatamente os mesmos. Entre irmãos, existe a possibilidade de 25% de que sejam semelhantes. Por isso, a orientação é testar a família toda para saber se há um doador compatível.

Foi o que ocorreu. Todos os membros da família de Paulo foram testados. Descobriu-se então que um dos irmãos, Pedro, não era filho biológico do mesmo pai e, pior ainda, isso foi tornado público. A tragédia da doença foi acrescida por essa outra notícia. A repercussão inesperada ameaçava desestruturar uma família unida em torno da doença. O pai estava pronto a abandonar aquela mulher que supostamente o havia traído, enquanto ela afirmava que isso nunca havia acontecido: "Se ele não é seu filho também não deve ser meu", exclamava ela perplexa. De fato, levou-se a busca adiante até descobrir que Pedro, ao nascer, havia sido trocado na maternidade. Não era filho biológico de nenhum dos dois. O drama adquiriu outra conotação. Pergunta-se: era necessário que essa informação se tornasse pública? Não bastaria dizer que Pedro não era doador compatível para o transplante?

Qual é a nossa conduta hoje? Toda vez que descobrimos um caso de falsa paternidade, discutimos em equipe se essa informação terá algum impacto no aconselhamento genético. Caso não tenha, não há por que contar. Acreditamos que isso não é da nossa conta. Mas não é uma decisão tão simples. Veja, por exemplo, mais esse dilema ético: Paula e João procuraram o serviço de aconselhamento porque o filho Pedro, de três anos, era portador de uma doença genética cujas características incluíam um importante distúrbio de comportamento. Queriam confirmar o diagnóstico da criança e saber se haveria risco de repetição no caso de terem mais filhos. A história adquiria contornos ainda mais dolorosos porque a doença em questão, quando herdada, era transmitida pelo pai.

Numa situação dessas, é comum que, por mais que tentemos explicar aos pais de crianças afetadas que ninguém tem culpa de transmitir uma mutação ao filho, o sentimento permanece. Era o caso de João. Mesmo antes de saber o resultado, já se sentia responsável pela doença do filho. Coletamos sangue para analisar o DNA dos três (Paula, João e Pedro), para confirmar o diagnóstico de Pedro, e verificar se havia realmente risco de recorrência. O diagnóstico foi confirmado, mas, inesperadamente, o exame de DNA revelou que João não era o pai biológico de Pedro.

Contei esse caso em um congresso de bioética, organizado por uma faculdade de Direito, e perguntei qual, na opinião dos advogados, deveria ser a nossa atitude. A resposta foi que eu poderia ser processada em ambas as situações: se contasse ou se não contasse. É importante lembrar que essas descobertas são sempre inesperadas, pois ocorrem quando testamos casais com filhos ou parentes afetados que querem saber o risco de terem descendentes com determinadas doenças, mas as situações de falsa paternidade não são raras.

Entre os comentários dos leitores do meu blog está o de um advogado que sugeriu que uma forma de evitar qualquer processo seria justamente estabelecer no termo de consentimento, que os consulentes assinam antes de se submeter ao exame, que poderia ser necessário estabelecer a comparação de paternidade, e, nesse caso, se os pais gostariam de ser informados de qualquer alteração no resultado. Algo assim: você está sendo submetido a um teste genético para confirmar o diagnóstico de seu filho e saber se existe risco de repetição para a futura prole. Entretanto, esse teste também pode revelar uma falsa paternidade. Em caso positivo, você quer saber? Ou você só quer saber se essa informação interferir no risco de que você venha a ter descendentes afetados?

Deixo a você a reflexão sobre os prós e os contras de incluir essa informação nos termos de consentimento, sabendo que a decisão não é nada fácil. Como definiram alguns dos leitores, pode-se chamar de autêntica "sinuca de bico", a qual as pessoas têm de enfrentar, de refletir e de debater, pensando primeiro na ética e no que é melhor para toda a família. Ou talvez algumas pessoas possam decidir não se submeter ao teste genético com medo de resultados inesperados, foi a opinião de um leitor.

Recentemente tive a oportunidade de discutir esse assunto com um grupo de geneticistas em Israel. Esse problema não existiria naquele país, afirmaram categoricamente. Segundo a lei israelense, a criança deve ser protegida a qualquer custo. Revelar uma falsa paternidade poderia torná-la um possível "filho bastardo" e prejudicá-la no futuro.

Para evitar que isso aconteça, testes em casos de paternidade duvidosa são proibidos em Israel e, se um laboratório infringir a lei, terá sua licença cassada.

Capítulo 2

CONFIDENCIALIDADE: ESSES GENES SÃO MEUS

ALÉM DE FAZER A ANÁLISE técnica de diagnósticos, de probabilidades e de riscos de doença, as pessoas envolvidas no aconselhamento genético precisam também considerar o impacto das informações sobre a vida de seus pacientes. Por isso, os princípios da privacidade e da confidencialidade são considerados referências éticas obrigatórias na rotina do nosso trabalho, como de resto representam um pressuposto tão central na área médica que se tornaram um tema regulamentado por inúmeros códigos legais e éticos nacionais e internacionais. Mas, em algumas situações, decidir o que fazer, ou o que é melhor para os consulentes, é praticamente impossível.

Veja o caso extremamente complicado que enfrentamos de uma menina de quinze anos, a quem chamaremos de Maria. Ela veio nos procurar porque tinha dois irmãos com distrofia de Duchenne, uma doença neuromuscular progressiva e degenerativa, que afeta o sexo masculino. Meninos portadores começam aos três ou quatro anos a ter quedas frequentes, devido à perda progressiva da musculatura. Aos poucos, essas dificuldades vão se agravando, de modo que esses meninos perdem a capacidade de andar por volta dos dez a doze anos. A fraqueza continua progredindo e atinge os membros superiores, até que os pacientes se tornam totalmente dependentes para todas as atividades.

A doença pode ocorrer por uma mutação nova em um terço dos casos, e, nessa situação, não há risco de repetição na família. Mas, nos outros dois terços dos casos, o gene é herdado da mãe, que é portadora clinicamente normal. Significa que não terá o problema, mas seus filhos do sexo masculino têm probabilidade de 50% de herdar a mutação e serem afetados.

Quando Maria veio fazer o aconselhamento genético, acompanhada de seus pais e de uma assistente social, já estava grávida. Queria saber se o embrião era do sexo masculino e, nesse caso, se teria a doença. O primeiro passo, antes de fazer o diagnóstico pré-natal, seria saber se Maria era ou não portadora da mutação. E, para isso, era necessário testar seu pai e sua mãe — para identificar qual cromossomo X ela havia herdado da sua mãe e qual do seu pai. O teste revelou que a adolescente grávida era portadora, portanto, havia o risco de 50% de que o seu futuro bebê — se fosse do sexo masculino — também tivesse a doença.

A família era de origem muito simples, vinda de uma cidade pequena do interior. Logo após a consulta, a assistente social do posto de saúde que a acompanhava quis falar comigo em particular. Contou que havia um rumor na cidadezinha de que o pai do bebê não era o namorado de Maria, mas seu próprio pai biológico. A situação se complicava muito, pois, à probabilidade da distrofia de Duchenne, se somavam os riscos resultantes de uma relação incestuosa. Ou seja, além dos problemas morais e jurídicos, o bebê tinha 50% de chance de apresentar tanto a distrofia como outras anomalias genéticas, por exemplo, doenças recessivas (aquelas nas quais a criança herda uma dose dupla de gene alterado) e problemas mentais.

A primeira questão suscitada pela assistente social era se devíamos testar o feto para saber quem era o pai, já que esse não tinha sido o motivo da consulta. No caso do gene da distrofia, o teste de DNA revelou que a menina havia herdado o gene da distrofia da mãe, portanto, tinha um risco de 50% de transmiti-lo para seus descendentes. O exame do feto mostrou que, felizmente, ele não tinha herdado esse gene. Mas será que deveríamos testá-lo para saber se era ou não resultante de incesto? Não era esse o motivo pelo qual havíamos sido procurados. Por outro lado, será que ela sabia do risco genético que o feto corria se realmente fosse resultante de uma relação incestuosa? Depois de muito discutir, decidimos que valeria a pena tentar descobrir. Essa informação poderia lhe ser útil. Além disso, o teste serviria de prova jurídica de que o pai havia cometido estupro com uma filha menor de idade.

O teste realmente confirmou a suspeita e, numa conversa particular, Maria confessou que o pai tinha relações sexuais com ela escondido da mãe. A menina não queria que a mãe soubesse em hipótese nenhuma. Então, o que fazer? Estávamos de mãos atadas. Mas o mais chocante é que ela falava disso com naturalidade, não parecia ter sido forçada. Qualquer atitude para proteger Maria, ou tentar prevenir o nascimento de um feto com grande risco de ter uma doença genética, tornaria o teste público e acabaria com a família. Se contássemos apenas para a mãe, que não tinha ideia do que o marido estava fazendo, estaríamos desrespeitando a confidencialidade do aconselhamento genético. Além disso, era o pai que sustentava a família, inclusive os dois filhos afetados (irmãos de Maria) e totalmente dependentes. Na última consulta com a adolescente, disse-lhe que manteríamos o sigilo, como ela havia pedido, mas que ela teria as portas abertas para voltar quando quisesse. Explicamos também os riscos para o feto de outras doenças genéticas em decorrência do incesto, embora ele não tivesse herdado o gene da distrofia. Nunca mais a vi. Mas espero que tenha tomado a decisão certa.

Recentemente, li um artigo na revista médica *Lancet* mostrando que exames genéticos com novas tecnologias em crianças com malformações ou doenças genéticas estão revelando que, em certas situações, elas foram geradas por relação incestuosa. O artigo me motivou a escrever essa história na minha coluna da revista *Veja*, alterando um pouco a situação para garantir o sigilo, mas mantendo a questão central. Provoquei os leitores: o que fariam no meu lugar? Teriam denunciado o caso à polícia?

Segundo a opinião da maioria, eu deveria denunciar o caso. Um leitor me escreveu que, ao tentar proteger as crianças afetadas, eu havia destruído a vida da adolescente. Foi muito crítico: "A senhora cometeu o erro gravíssimo ao pensar nos outros (irmãos deficientes), e não na vítima... De colocar a menina de alguma forma como responsável pela situação... A minha opinião é que a senhora colaborou para arruinar a psique desta menina...".

Porém outra leitora também tinha dúvidas como eu: "O correto seria informar às autoridades o caso de incesto e revelar a real paternidade da criança, porque não há como construir um futuro sobre mentiras. Mas devemos ressaltar a falta de uma infraestrutura que dê apoio à vítima em tais circunstâncias. Após denunciado o caso, comprovado o delito e o culpado na cadeia, quem garantiria o sustento da família se, provavelmente, o autor do crime era também o responsável por isso? É justamente por esse motivo que, nesse caso particular, fica a dúvida do benefício em se fazer valer a verdade".

Além disso, outro leitor escreveu: "Infelizmente o incesto no Brasil, principalmente em algumas regiões e em zonas rurais, é muito comum. Um estudo antigo feito pela Igreja em favelas cariocas demonstrou que as condições de vida de suas populações proporcionavam todos os tipos de relações incestuosas. Assim, sob o ponto de vista religioso, por questão de vida em promiscuidade, esses atos não deveriam ser considerados pecados. Em questões legais não sei se o incesto é crime passível de pena. Já vi, no passado, vários pais serem presos por esse ato e serem defendidos por teses de 'isolamento em zona rural'. A questão da saúde física e psicológica das famílias vítimas desse desvio merece atenção do setor de saúde do governo".

Para minha surpresa, uma outra leitora, advogada, escreveu: "Não houve crime se pai e filha fizeram sexo consentido depois que ela já tinha feito quinze anos".

Como se vê, trata-se de uma situação complexa, sobre a qual não há consenso.

No Reino Unido, nos casos em que a mãe é menor de idade, quando os geneticistas descobrem que houve uma relação incestuosa, são obrigados a informar os serviços de proteção infantil ou até a polícia, quando houver suspeita de que houve abuso sexual por parte do pai ou de um irmão. Não é consolo saber que os casos que enfrentamos aqui também existem nos países mais desenvolvidos. A diferença é que nesses países há mecanismos sociais para proteger os envolvidos, o que não ocorre aqui. Dramas como o dessa menina talvez lá pudessem ser resolvidos com amparo dos serviços de saúde. Não sei.

Um dos argumentos mais usados em defesa da confidencialidade é a constatação de que a informação genética faz parte de nossa individualidade e deve ser tratada como qualquer outro tipo de informação pessoal. O aconselhamento genético traz informações para tentar levar as pessoas a tomarem decisões "conscientes", "autônomas" e "responsáveis" tanto no âmbito pessoal como no familiar. Mas as decisões são unicamente do casal ou da pessoa que se submeteu ao teste. A pergunta que surge é: e quando os testes genéticos envolvem diretamente outros membros da família? Ou, como nos casos anteriores, situações que não foram objeto primário da busca por aconselhamento genético? As legislações oscilam entre a total obrigatoriedade de se manter o segredo até previsões específicas de quebra da confidencialidade em casos de risco de vida ou de imposições legais.

A experiência nos mostra que as pessoas reagem às informações das maneiras mais inesperadas. Somos diferentes na forma como lidamos com as desilusões e relacionamentos das nossas vidas. Ao mesmo tempo, a capacidade de percepção de risco varia e depende das convicções morais, religiosas, culturais e econômicas de cada um, bem como de sentimentos de culpa, de ansiedade e de outras suscetibilidades despertadas pela informação.

Veja o caso de Estela, que tinha um filho com distrofia de Duchenne. É preciso lembrar que, em um terço dos casos, a doença é causada por uma mutação nova sem risco de repetição. Nos outros dois terços é transmitida pela mãe, que é portadora clinicamente normal, mas pode passar o gene defeituoso para os filhos do sexo masculino, que têm 50% de chance de herdá-lo e serem afetados.

Estela tinha se informado e queria fazer um teste para saber se era portadora da doença e se corria risco, caso engravidasse, de ter outros filhos com distrofia de Duchenne. Atendemos o seu pedido e fizemos o teste genético. Infelizmente, descobrimos que ela era portadora.

Sugerimos que trouxesse sua mãe para o exame de DNA, pois, dependendo do resultado, outras mulheres da família também poderiam ser portadoras. O teste revelou que a mãe de Estela também tinha a mutação. Essa informação mostrava que outras pessoas do sexo feminino estavam em risco de vir a ter filhos afetados: a irmã de Estela, bem como várias primas. Como fazemos sempre, explicamos que seria importante que ela informasse suas parentes mais próximas do risco e da possibilidade de fazer o teste se assim o quisessem. É o procedimento de rotina. Aliás, frequentemente vemos as "parentes" marcarem uma consulta e se apresentarem com o seguinte comentário: "Vocês mandaram que eu viesse aqui para fazer um teste genético". A nossa primeira preocupação é esclarecer que ninguém "mandou" que elas fizessem o teste, ou seja, essa não é uma atitude obrigatória. Elas devem, no entanto, saber quais as implicações do risco genético antes de decidir se querem ou não ser testadas.

Mas Estela, ao saber que suas parentas próximas poderiam ser portadoras da mutação no gene, responsável pela mesma doença de seu filho, manifestou-se de forma categórica: iria contar para a irmã, mas negava-se terminantemente a alertar outras pessoas da família sobre esse risco. Detestava as primas.

Como lidar com atitudes como essa? Não existe consenso nem aqui e nem em outros lugares do mundo. No caso da distrofia de Duchenne, alertar familiares em risco pode prevenir o nascimento de crianças afetadas por uma doença grave e ainda sem cura. Por outro lado, como quebrar o princípio da confidencialidade?

Uma pesquisa entre clínicos de dezenove países, realizada pelos geneticistas Dorothy Wertz e John Fletcher para o Centro Hastings de bioética dos Estados Unidos, em meados da década de 1980, mostrou que esse tipo de dilema ético é recorrente. Os autores da pesquisa chamaram o dilema de "o dever de proteger a confidencialidade do paciente & o dever de alertar terceiros sobre o risco". Não encontraram uma resposta unânime entre os especialistas — em casos semelhantes relacionados a outras doenças, praticamente a metade optaria por quebrar o princípio da confidencialidade, enquanto a outra metade manteria o silêncio.

No Brasil, embora não exista norma para tratar a questão na esfera jurídica, a confidencialidade é garantida. Mas só consigo pensar numa situação semelhante em que a discussão avançou — a dos pacientes soropositivos para o HIV. A regra, nesses casos, é de respeito rigoroso ao sigilo profissional em relação aos pacientes. Isso se aplica, inclusive, depois de sua morte e aos casos em que ele não deseja que sua condição seja revelada aos familiares. Mas a quebra do sigilo é permitida quando existe autorização expressa, por dever legal (por exemplo, preenchimento de atestado de óbito) ou por justa causa de terceiros.

Quando o portador do vírus se recusa a informar sua condição a parceiros sexuais ou a pessoas com quem compartilha seringas e agulhas para o uso de drogas endovenosas, a questão da confidencialidade, para além da matéria legal, é sobretudo ética e moral, e o médico pode interferir, pois o silêncio afetaria a vida de outras pessoas e, no caso de gravidez, a saúde de crianças por nascer. No entanto, mesmo nessas situações-limite, em que a vida de outras pessoas está em jogo com a manutenção do segredo, os profissionais de saúde têm a obrigação de procurar formas alternativas de prevenir o perigo, antes de optar pela quebra de confidencialidade. No mais, vale a Constituição: "São invioláveis a intimidade, a vida privada, a honra e a imagem das pessoas, assegurado o direito de indenização por dano material ou moral decorrente da violação".

Para mostrar que essas situações são mais comuns do que se imagina, deixo aqui o relato de outro caso relacionado à distrofia muscular de Duchenne. Denise queria saber se era portadora do gene da doença, pois um de seus primos maternos tinha a mutação. Ela acabara de se casar, queria ter filhos e sabia que corria o risco de enfrentar o mesmo problema. Em situações semelhantes, para fazer o teste genético é necessário que se tenha uma amostra de DNA da pessoa doente ou de sua mãe, e assim verificar qual a mutação existente.

Mas tanto o primo de Denise como sua tia materna já haviam morrido, o que dificultava o estudo. O tio, apesar de saber o resultado do teste genético no menino, se recusava a repassar qualquer informação. Segundo alegava, isso não traria nenhum benefício a ele ou ao filho morto. Em resumo, era o tipo do assunto que ele não queria mais enfrentar — mesmo que fosse tão importante para os parentes em risco de sua falecida esposa.

Bem, até onde sei, Denise não levou o caso adiante. Entretanto, tratava-se de uma informação importante que poderia, por um lado, tranquilizá-la. Por outro lado, caso fosse portadora, poderia prevenir o nascimento de bebês afetados por uma doença terrível. Existiria alguma maneira de obrigar o tio a dar a informação? Fica aqui a pergunta.

Há ainda outra situação que gostaria de mencionar, embora, felizmente, não seja tão comum no Brasil. O principal risco da quebra da confidencialidade é o da discriminação. Esse problema decorre de usos indevidos que podem ser feitos da informação genética por parte das pessoas que têm acesso a esse tipo de dado. É inquestionável que as companhias de seguro-saúde e seguro de vida teriam o maior interesse em saber que doenças poderíamos desenvolver e cobrar mais por isso. O mesmo ocorre com nossos empregadores, agências de adoção, centros de coleta de sangue.

A geneticista e especialista em ética Débora Diniz, da Universidade de Brasília, informa que são raros os estudos brasileiros sobre discriminação genética. Em um caso, que ela relata, um centro público de doação de sangue realizava testes laboratoriais para anemia falciforme a fim de evitar a propagação de doenças por transfusões. Essa é a doença genética de maior prevalência na população brasileira. Seu nome se deve à alteração dos glóbulos vermelhos do sangue, que os torna semelhantes a uma foice, daí o nome falciforme. Essas células têm sua membrana alterada e rompem-se mais facilmente, causando anemia. O teste do pezinho, realizado no bebê, permite detectá-la.

Mas, no caso relatado por Débora, o centro queria saber a incidência da doença em adultos, e as pessoas nas quais era detectada, ou que tinham probabilidade de vir a tê-la, recebiam em casa uma carta de convocação para se reapresentar ao centro. A união entre duas pessoas com o traço falciforme pode gerar uma criança com a doença. O problema é que as pessoas iam doar sangue e muitas vezes nem sabiam que estavam sendo testadas. Após a denúncia de Débora, o centro de saúde mudou o protocolo, que agora traz a informação sobre os exames e realiza o aconselhamento mantendo a confidencialidade.

Nos Estados Unidos, há vários casos relatados de discriminação. Uma pesquisa feita por Lisa Geller, da Faculdade de Medicina de Harvard, em 1996, alertou para esse perigo. A pesquisa levou em conta pessoas com maior propensão — ou que mantinham algum tipo de relação com pessoas propensas — a contrair a doença de Huntington, mucopolissacaridose (MPS), fenilcetonúria (PKU) e hemocromatose. A doença de Huntington é um distúrbio fatal cujos sintomas aparecem por volta dos quarenta a cinquenta anos. A MPS está associada ao retardamento mental e a PKU também resulta em retardamento mental, mas pode ser tratada com dietas especiais após o nascimento. A hemocromatose é um distúrbio caracterizado pelo depósito excessivo de ferro no organismo. Dos 917 indivíduos pesquisados com essas doenças, 455 disseram ter sofrido algum tipo de discriminação por causa de sua constituição e de sua predisposição genética.

O problema é tão sério que, em 2005, o Senado americano aprovou uma lei proibindo a discriminação com base em informações sobre o patrimônio genético. E, na maioria dos países, as diretrizes no sentido de orientar as ações na área da genética humana são de que o aconselhamento e os testes têm caráter voluntário, e a confidencialidade das informações deve ser assegurada e protegida de terceiros. Mas, como todos esses exemplos mostram, é muito difícil estabelecer como essas diretrizes funcionam na prática.

Capítulo 3

Diagnóstico pré-natal ou o que você vai ser quando crescer

O DIAGNÓSTICO PRÉ-NATAL permite a detecção de um número crescente de malformações ou doenças genéticas ainda durante a gravidez. Trata-se de um grande avanço incorporado, aos poucos, à rotina dos exames que asseguram a saúde do feto e a tranquilidade do casal. Ele permite optar pela gravidez mesmo em situações de alto risco genético, em que normalmente o casal não tentaria ter filhos. Mais ainda: as pesquisas mostram que, nos países em que o aborto é permitido, muitos casais decididos a interromper a gravidez de um feto "em risco" deixaram de adotar esse procedimento quando o diagnóstico pré-natal excluiu a possibilidade do nascimento de uma criança com determinada doença.

Em nosso laboratório, onde já se realizaram centenas de exames de diagnóstico pré-natal em casais em risco para diferentes formas de distrofias musculares, atrofia espinhal e fibrose cística, entre outros casos, somente uma minoria resultou positiva para essas doenças. Portanto, ao contrário do que se imagina, o diagnóstico pré-natal tem salvado inúmeras vidas normais. É muito difícil descrever a emoção sentida pelo casal quando contamos que o bebê não é portador do gene alterado. Daí vem a importância fundamental de discussões éticas em torno da legalização da interrupção da gestação no caso de doenças graves ou incuráveis, pois as nossas leis certamente não têm acompanhado os avanços das pesquisas.

Relato aqui o caso de uma moça que acompanhei enquanto estava na Universidade da Califórnia. Ela tinha na época dezenove anos e veio nos procurar porque acabara de saber que estava grávida. Jeanne tinha perdido dois irmãos e dois tios maternos com distrofia de Duchenne. Tinha plena compreensão da gravidade da doença. Além disso, já havia sido testada e sabia que era portadora da mutação e, portanto, com risco de 50% de vir a ter um filho afetado. Contou que aquela não havia sido uma gravidez planejada, mas ela queria ter a criança, desde que soubesse que ela não teria a doença. Fizemos os testes e, infelizmente, descobrimos que se tratava de um feto de sexo masculino e portador da mutação. Ou seja, havia a certeza de que teria a distrofia.

Chamamos Jeanne para contar os resultados do teste e ela veio acompanhada da mãe e da avó materna. Quando lhe disse que eu não tinha boas notícias porque o feto herdara a mutação, ela começou a chorar. Sua mãe e sua avó a abraçaram e exclamaram enfaticamente: "Não pense duas vezes, interrompa essa gravidez imediatamente. Você não precisa passar por todo o sofrimento pelo qual nós passamos e colocar no mundo uma criança que terá tantas aflições". Jeanne, que era uma pessoa religiosa, olhou para mim e perguntou: "Será que Deus quer que eu interrompa essa gravidez?".

Como responder a uma pergunta como essa? Olhei nos seus olhos e disse: "A única coisa que posso te dizer é que sua avó e sua mãe tiveram filhos com distrofia porque não sabiam que tinham esse risco. Não tiveram escolha. No seu caso, Deus quis que você soubesse". As três foram embora e eu voltei ao Brasil, sem saber qual havia sido sua decisão. Alguns anos mais tarde, recebi um cartão de Natal de Jeanne. Era uma foto em que ela aparecia sorridente, abraçando seu marido e duas lindas meninas. Eram suas filhas Marion e Carol.

Relato aqui outro dilema que me foi colocado por uma assistente social que desejava que o Centro de Estudos do Genoma Humano fizesse o diagnóstico pré-natal de uma moça índia. Ela queria saber o risco de o feto ser portador de um gene que causa distrofia muscular progressiva. Recordando, essa doença pode ser causada por várias alterações genéticas caracterizadas pela degeneração progressiva da musculatura.

Nesse caso, a moça indígena já tivera dois filhos afetados. Era a terceira gravidez e ela estava no oitavo mês de gestação. Quando a assistente social solicitou o exame, minha reação imediata foi dizer-lhe que não fazia sentido fazer um diagnóstico tão tardio. O que seria feito com aquela informação? Foi então que a assistente social me revelou uma situação chocante. Na cultura daqueles indígenas, era costume enterrar viva qualquer criança que nascesse com um defeito visível. Como no caso da distrofia, a doença não se manifesta antes dos três ou quatro anos, ela temia que a tribo quisesse enterrar esse bebê prestes a nascer para não correr riscos. Afinal, a mãe já havia tido duas crianças com distrofia e, portanto, a comunidade indígena acreditava que uma terceira também teria o problema. A esperança da assistente social era que o teste genético revelasse que a criança não seria afetada, salvando o bebê.

E se o teste genético revelasse que o feto seria afetado? O que aconteceria? Poderíamos ocultar tal resultado? A assistente social não soube responder. Daí a minha angústia. Afinal, a responsabilidade pelo que poderia ocorrer era minha e da nossa equipe no Centro de Estudos do Genoma Humano. O risco de que esse bebê fosse portador da mutação que causa esse tipo de distrofia era de 25%, ou seja, uma em quatro. Para entender o que significa um risco desses, exemplificamos com a seguinte analogia: imagine que você tem quatro maçãs na sua frente. Todas são aparentemente iguais, mas em uma delas há um veneno letal que o mataria na primeira mordida. Você se arriscaria a comer uma dessas maçãs?

Essa história foi contada no meu blog na revista *Veja* e fiquei novamente surpresa com a reação dos leitores. Muitos sugeriram fazer o teste. Segundo eles, seria importante estabelecer a verdade para essa mãe. É óbvio que a torcida seria para um resultado negativo. Houve quem sugerisse que não deveríamos interferir nos costumes indígenas. Mas como compactuar com tal prática? Outros leitores ficaram aflitos com a responsabilidade definida por eles de direito de vida ou de morte, que de repente pairou sobre nossas cabeças. Lembraram que falar a verdade deve ser a regra quando se pode corrigir uma situação ou ajudar alguém. Nesse caso, seria antecipar um sofrimento desnecessário, e até mesmo instigar um crime, que seria praticado pela tribo indígena.

Como esse caso terminou? Estabelecemos como uma regra de ouro no Centro (e isso também em inúmeros serviços de genética ao redor do mundo) não testar crianças assintomáticas para doenças de início mais tardio para as quais ainda não há tratamento. Não há por que antecipar um sofrimento. Era o caso desse bebê prestes a nascer.

Expliquei à assistente social que ela teria que convencer a comunidade indígena a não fazer esse teste. Como? Em vez de ressaltar que o risco para esse bebê era de 25%, ela deveria enfatizar exatamente o contrário. Ou seja, havia a probabilidade de 75% de o bebê ser normal. Desta forma, era três vezes mais provável que ele fosse saudável em vez de afetado. Além disso, inúmeros pesquisadores acreditam que talvez seja possível encontrar um tratamento nos próximos anos. Era isso que ela teria de dizer à comunidade indígena. Não tive mais notícias, mas acredito que o bebê foi poupado.

Há muitas situações que devem ser levadas em consideração antes de fazer um diagnóstico pré-natal. Em alguns casos, por exemplo, a detecção de mutações genéticas é uma certeza do desenvolvimento de doenças graves, mas, em outras, é difícil fazer um prognóstico. É o caso da ataxia espinocerebelar, que costuma progredir ao longo dos anos. Os sinais clínicos, a idade de início dos sintomas, a velocidade de progressão da doença e a intensidade do quadro clínico dependem do tipo de ataxia. Frequentemente ocorrem variações entre famílias com o mesmo tipo de doença e até mesmo entre os afetados de uma mesma família. Essas variações podem dificultar o diagnóstico em muitos casos. Existem testes que permitem identificar se a pessoa é ou não portadora da mutação, mas não podemos prever quando e como esse distúrbio pode se manifestar.

Atendi uma vez uma moça cujo pai apresentava a doença. Na ataxia, indivíduos de ambos os sexos são igualmente afetados, e o risco de um filho ou uma filha ter a doença é de 50%. Minha consulente sabia disso, mas não suportava a ideia de fazer o teste e descobrir que poderia ser portadora da mutação. Preferia engravidar e fazer o diagnóstico pré-natal para saber se o feto tinha herdado ou não a mutação do avô materno. Perguntei-lhe se ela tinha noção de que, se descobríssemos que o feto era portador, isso era uma indicação de que ela também era. Seriam duas notícias ruins ao mesmo tempo. Ela sabia, mas, dentro de sua lógica, o feto tinha só 25% de risco (0,5 de ela ser portadora X, 0,5 de transmitir), enquanto, se ela se testasse direto, a chance era de 50%. Estava decidida. Iria fazer o diagnóstico pré-natal.

De fato, engravidou e, para alívio de todos, o resultado deu negativo. Já que havia dado certo, quis repetir esse procedimento na segunda gravidez e novamente foi excluída a ataxia no feto. Dois anos depois ela voltou grávida de novo.

Mas, daquela vez, nos recusamos a fazer o teste. Era muito mais coerente que ela o fizesse diretamente e verificasse se era ou não portadora. Além do mais, a partir dos resultados dos primeiros exames, que mostraram que os dois primeiros filhos eram saudáveis, sabíamos que a probabilidade de que isso ocorresse era muito baixa. Isso porque, se a mãe fosse portadora, a mutação estaria em um dos dois cromossomos transmitidos para seus filhos, que podemos chamar de A e B. Mas aconteceu que a primeira criança tinha herdado o cromossomo A e a segunda o cromossomo B. Como as duas crianças eram normais, isso nos permitiu concluir que a mutação não estava presente nem em A e nem em B. Evitava-se assim a realização de um exame que, apesar de estar associado a um baixo risco, não deixava de ser invasivo para o feto.

Outra questão muito importante que costumamos enfrentar: é ético testar crianças para doenças que só se manifestam em adultos? Esses testes são frequentemente solicitados pelos pais. Quando surgiram os primeiros testes genéticos para doenças de início tardio, na década de 1990, não tínhamos nos dado conta do impacto que pode provocar a descoberta de um gene causador de um problema grave em uma criança. Hoje somos totalmente contra, como expliquei no caso relatado no primeiro capítulo.

Antes, testávamos todas as crianças que pertenciam a famílias de risco, mesmo sem apresentar sintomas para doenças, desde que fosse a pedido dos pais. Quando decidimos interromper esse procedimento, os resultados que já tínhamos foram arquivados e mantidos em confidencialidade. O acerto dessa medida foi comprovado por uma história que conto a seguir.

Certa vez, João, um rapaz que havia acabado de fazer dezoito anos, nos procurou porque desejava ser testado para coreia de Huntington, doença neurológica bastante grave e incurável, que geralmente acomete o indivíduo com quarenta anos ou mais, e provoca deterioração intelectual e distúrbios psiquiátricos. Como a doença tem em geral um início tardio, quando o diagnóstico é estabelecido o paciente frequentemente já procriou. O pai de João já estava bastante comprometido e ele sabia que tinha 50% de chance de também ser afetado. Sabia ainda que não havia cura para a doença.

É fácil imaginar o impacto que um teste positivo nesse caso teria sobre o rapaz, que enfrentaria o diagnóstico de uma vida mais curta, cuja parte final seria de grande sofrimento. Nesses casos, nossa orientação é fornecer todas as informações e deixar bem claro que a pessoa interessada só deve fazer o teste se tiver condições emocionais — após uma avaliação por psicanálise — de enfrentar qualquer que seja o resultado. Em teoria talvez, mas, na prática, me questiono se alguém pode estar preparado para saber que tem uma mutação para uma doença de início tardio, incurável. Por isso, hoje só concordamos em fazer o teste depois de muito diálogo com os consulentes. Numa dessas conversas de aconselhamento genético, ficou evidente que João não estava muito seguro. Ele chorou várias vezes e acabou indo embora, indeciso com a promessa de voltar para conversar quando quisesse.

Depois que João saiu, descobrimos por acaso que ele fizera parte daqueles procedimentos que haviam sido testados no passado, quando ainda não tínhamos decidido que crianças não deveriam se submeter a esses testes. E que, felizmente, ele não era portador da mutação. Decidimos chamá-lo de novo para explicar o que havia acontecido e dar-lhe a boa notícia. Quando ele entrou na minha sala, e antes que eu abrisse a boca, ele exclamou imediatamente: "Você tinha razão, não estou pronto para ser testado". Mas eu não podia mais guardar aquele segredo. Impossível descrever a emoção quando João soube por que o havíamos convocado. Choramos juntos. Muitos anos depois, eu soube que ele fora entrevistado por uma jornalista e dissera que não sabia se era portador ou não. Fiquei surpresa. Será que havia esquecido? Ele depois nos contou que havia preferido negar que sabia estar livre da doença para proteger os irmãos que não tinham sido testados e ainda corriam o risco de ter a mutação, mas nada podiam fazer, por se tratar de uma doença incurável.

Casais que já tiveram filhos ou parentes afetados por uma doença genética podem saber se correm o risco de vir a ter crianças com o mesmo problema e planejar a sua prole. No caso de uma doença genética severa, encontram-se perante delicadas escolhas reprodutivas: não ter filhos biológicos, optar pela doação de óvulos ou espermatozoides de pessoas não aparentadas, confiar na sorte e arriscar uma gravidez ou submeter-se ao diagnóstico pré-natal. Se o feto for portador da mutação, vem outro dilema: seguir em frente ou interromper a gravidez? Outra possibilidade, embora muito mais difícil tecnicamente, e muito menos conhecida, é fazer o diagnóstico pré-implantação. Qual é a diferença entre esses dois procedimentos?

Muitas pessoas acham que diagnóstico pré-natal e pré-implantação são procedimentos comparáveis. Mas, embora a finalidade seja a mesma nos dois casos, isto é, garantir um feto sem a mutação causadora da doença genética naquela família, existem diferenças fundamentais: o diagnóstico pré-natal é feito durante a gestação (geralmente entre dez e doze semanas) e, portanto, existe a possibilidade de que, mesmo que o feto tenha uma doença genética grave, ele venha a nascer. Já o diagnóstico pré-implantação (DPI) é realizado em embriões de oito células gerados por fertilização *in vitro* no laboratório.

Para quem não conhece a técnica, vale explicar que o DPI é um procedimento difícil. Requer primeiro uma fertilização *in vitro*, fora do útero. Quando o embrião tem de oito a dezesseis células, é possível, antes de implantá-lo no útero, retirar uma ou duas células e verificar se existe alguma alteração no número ou estrutura dos cromossomos (ou se é do sexo masculino ou feminino). Pode-se também descobrir se há alguma mutação específica responsável por uma doença genética. Mas isso só é possível na prática se essa mutação já for conhecida, pois existem milhares de mutações que podem causar uma doença genética, e rastrear todas ainda é impossível. Portanto, o DPI só é indicado para famílias de alto risco, ou seja, quando um dos cônjuges tem uma doença séria, ou para casais que já tiveram um filho ou parente próximo afetado e não querem passar pelo mesmo problema novamente. O DPI permite selecionar apenas os embriões sem a mutação para serem implantados, possibilitando, assim, ao casal, gerar um descendente livre daquela doença.

Em resumo, os embriões só serão transferidos para o útero se não tiverem a mutação. Diferentemente do diagnóstico pré-natal, se o embrião não for implantado, não há vida.

Mas a escolha por esse método também leva a dilemas éticos muito importantes, principalmente quando se trata de doenças de início tardio ou que estão associadas a um risco aumentado, mas não a uma certeza de doença. É ético excluir um embrião que tenha uma mutação para coreia de Huntington, um distúrbio que geralmente só se manifesta depois dos quarenta anos? E, no futuro, quando será possível identificar e excluir centenas de mutações relacionadas a doenças como hipertensão, diabetes e outras? Será o caso de selecionar embriões perfeitos em um novo tipo de eugenia? Esse assunto é discutido pela pesquisadora Dena S. Davis no seu livro *Genetic dilemmas*, sobre o que as novas tecnologias em genética e reprodução significam para o futuro das crianças.

Autores, como o filósofo da ciência Philip Kitcher, apoiam o que já foi chamado de práticas eugênicas responsáveis, consideradas aquelas que mesclam a liberdade reprodutiva individual com a educação e a discussão pública sobre procriação responsável, desde que isso não seja a expressão de desejos relativos à cor de olhos, tipo de pele e de cabelo, tendência à obesidade ou preferências sexuais. Mas os limites dessa decisão são muito tênues, como se pode avaliar por questões práticas. É comum, por exemplo, pais surdos desejarem gerar um filho também surdo. Já acompanhei casais em que o pai e a mãe eram acondroplásicos (a forma mais comum de nanismo) e não queriam ter um filho de estatura normal.

Para quem tem audição ou estatura normais parece um absurdo. Teríamos sido rejeitados por esses pais. Embora não aprove, é claro, consigo entender o ponto de vista deles. É muito mais fácil para um casal deficiente auditivo comunicar-se com alguém que também não ouve ou para pessoas de baixa estatura construir uma casa onde todos são igualmente anões. E, se esses casais querem ter filhos semelhantes a eles, isso é muito positivo. Significa que estão bem adaptados e felizes em serem diferentes. Mas impor isso a seus filhos é outra história... Veremos isso em um capítulo adiante.

Outra coisa é selecionar embriões para características como inteligência, habilidade para esportes ou altura. Quanto a isso, recomendo a leitura do livro *The genius factory: the curious history of the Nobel prize sperm bank*, do jornalista David Plotz. Ele relata a história real do banco de esperma criado em 1980, pelo milionário americano Robert Graham, de indivíduos ganhadores do prêmio Nobel, prodígios matemáticos, empresários bem-sucedidos e atletas — uma história de busca por pessoas perfeitas que esconde as intenções racistas de seu criador.

Plotz foi atrás das crianças geradas por esses doadores e mulheres interessadas em ter filhos especiais. Desnecessário dizer que encontrou um bando de indivíduos comuns, não muito diferentes da média. Ainda bem. Prova de que possuir genes "favoráveis" não basta. O ambiente e a educação têm um papel fundamental.

Capítulo 4

GÊMEOS, TRIGÊMEOS E ATÉ MAIS

NÃO É APENAS IMPRESSÃO. O número de mulheres grávidas de gêmeos e de trigêmeos realmente deu um salto nos últimos anos, após a disseminação das técnicas de fertilização assistida. Desde o nascimento de Louise Brown, o primeiro bebê de proveta, em 1978, o número de filhos múltiplos aumentou vinte vezes no mundo. Basta ver as colunas de notícias sobre gravidez de atrizes e pessoas famosas: Jennifer Lopez, Geena Davis, Marcia Cross, todas na faixa dos quarenta, tiveram gêmeos. A linda Julia Roberts também teve e, aqui mesmo no Brasil, a apresentadora de TV Fátima Bernardes é mãe de trigêmeos. Na Europa, as estatísticas apontam para 26,4% de gestações de mais de um bebê. Nos Estados Unidos, entre 1978 e 2000, o número de gêmeos dobrou. Na década de 1990, entre os filhos de mulheres entre 40 e 44 anos, o índice cresceu 80%, ou seja, passou de 24 para 44 a cada mil nascimentos. Na Inglaterra, o Human Fertilisation and Embryology Authority (HFEA), que regula e fiscaliza todas as clínicas de fertilização *in vitro*, inseminação artificial e armazenamento de óvulos, esperma e embriões congelados daquele país, além da pesquisa com embriões humanos, fez uma comparação assombrosa: um em cada oitenta nascimentos de crianças concebidas naturalmente naquele país resultava em múltiplos. Em contrapartida, um em cada quatro nascimentos por fertilização assistida era de gêmeos ou trigêmeos. No Brasil, acredito que não existam registros oficiais, mas tenho visto estatísticas de clínicas de fertilização que calculam em 42% o número de gestações assistidas que resultam em gêmeos ou trigêmeos.

Mas por que é tão grande assim a incidência de gêmeos de proveta? Para tentar entender o que ocorre, é preciso explicar antes como funciona a fecundação fora do útero ou *in vitro*, à qual recorrem os casais que não conseguiram engravidar por métodos naturais e desejam muito ter uma criança. Ou que desejam fazer o diagnóstico pré-implantação (DPI), técnica que, como expliquei anteriormente, serve para evitar o nascimento de crianças com doenças genéticas graves. Esses casais procuram então as clínicas de fertilização para um tratamento que custa caro e pode demorar. Se forem férteis, o primeiro passo é conseguir óvulos e espermatozoides. Não preciso explicar como obter espermatozoides. Todo mundo sabe. Já no caso dos óvulos, a mulher precisa tomar hormônios que estimulem a ovulação. Em média, são produzidos de oito a nove óvulos, embora esse número possa variar muito. Esses óvulos são retirados da mulher e em seguida são colocados em contato com os espermatozoides do marido em um tubo de ensaio, em condições que favoreçam a união dos dois. Se a fertilização for bem-sucedida, o óvulo fecundado começa a se dividir: uma célula em duas, duas em quatro, quatro em oito e assim por diante. Em média, isso ocorre com cerca de seis óvulos fertilizados, que são os pré-embriões. Por volta do terceiro dia, esses pré-embriões estão com oito células. Nessa fase, são implantados no útero da mulher e, se tudo der certo, ocorre a gestação.

A questão é que, de maneira geral, seja pela fertilização natural ou pela *in vitro*, as chances de sucesso de obter uma gravidez estão longe dos 100%. No caso de casais que já têm dificuldade, são ainda menores e, por isso mesmo, são necessárias várias tentativas com toda a carga de ansiedade que acarretam. Como fazer então? Para aumentar a probabilidade de sucesso, é comum os médicos transferirem para o útero não um, mas vários pré-embriões. Em tese, quanto mais, melhor. Tanto que, durante muito tempo, havia especialistas que, para garantir a eficácia do tratamento e o bom nome do médico, recomendavam que fossem inseminados até seis de uma só vez, na expectativa de que pelo menos um resultasse em uma gravidez. Isso resultou nas estatísticas impressionantes de gestação múltipla que foram citadas.

A tal ponto que, nos Estados Unidos, em 2009, uma mulher da Califórnia chegou a ter óctuplos, depois de já ter concebido seis filhos por fertilização assistida. A história que chegou aos jornais é de uma moça com menos de 35 anos, que pediu para serem implantados seis pré-embriões remanescentes de tratamentos de fertilização *in vitro* anteriores, e dois deles se separaram em dois pares de gêmeos, resultando em oito bebês. O pai das crianças apenas havia doado o esperma, mas ela não o queria como companheiro. Depois do nascimento, a moça aparecia sorridente na TV afirmando ter recebido presentes de todo tipo para os bebês. Foi noticiado também que ela não tinha condições financeiras para criar os filhos e os estava usando para conseguir doações. Nesse caso, tão ou mais irresponsável que essa mãe foi o médico que implantou todos aqueles embriões. Será que se esqueceram que não estavam lidando com bonecas para brincar, mas com seres humanos? Depois de ter escrito sobre esse caso expressando minha opinião a respeito, o conselho médico da Califórnia revogou a licença do especialista em fertilidade responsável por tornar Nadya Suteman mãe de catorze filhos gerados por repetidos tratamentos de fertilização *in vitro*.

O problema da gravidez múltipla é ainda maior se considerarmos que a implantação de muitos pré-embriões implica um risco aumentado de nascerem crianças prematuras, com baixo peso e que podem vir a ter problemas de saúde ou comprometimento intelectual. A HFEA inglesa registrou que 126 bebês morrem a cada ano como consequência de gestações múltiplas, sendo 51 logo após o nascimento, 42 na primeira semana de vida e 33 no primeiro ano. Os riscos para a mãe também são altos: vão de aumento de casos de pré-eclâmpsia, diabetes gestacional, rompimento do colo uterino e parto prematuro. Por tudo isso, os médicos chegaram à conclusão de que o risco à saúde de gravidez de múltiplos era isoladamente o mais grave nos casos de tratamento de fertilização assistida. Tanto que, mais recentemente, o nascimento desses bebês passou a ser considerado um caso de saúde pública, não só devido aos problemas que poderiam causar às mães e às crianças, como pelo alto custo gerado ao sistema de saúde nos anos após o nascimento.

A HFEA criou em 2005 um grupo de especialistas que publicou o relatório *One child at a time* [Uma criança por vez], em que propõe que o risco de nascimentos múltiplos poderia ser minimizado se as mães com histórico de concepção de gêmeos tivessem a transferência de apenas um pré-embrião. Essa técnica ficou conhecida como transferência eletiva, ou seja, o uso de métodos criteriosos de avaliação para eleger o melhor dos pré-embriões antes de transferi-lo para o útero. Os especialistas ingleses fizeram uma ampla consulta pública em 2007 visando a uma política de redução de nascimentos de gêmeos por fertilização assistida. Ficou estabelecido que as clínicas desenvolveriam estratégias para diminuir o índice de múltiplos nascimentos. A política foi introduzida em janeiro de 2009. No primeiro ano, a taxa era de 24%. No ano seguinte, esse número deveria ser de 20%, depois 15% e assim por diante.

No Brasil, mudanças nas regras de reprodução assistida foram aprovadas pelo Conselho Federal de Medicina (CFM) e já estão em vigor. A norma atualizada define o número máximo de embriões a serem transferidos. A recomendação depende da idade da paciente. Mulheres de até 35 anos podem implantar até dois embriões; de 36 a 39 anos, até três; acima de quarenta, quatro. Em casos de gravidez múltipla, o CFM manteve a proibição de utilização de procedimentos que visem à redução embrionária, prática que se assemelha ao aborto. Aliás, com essa proibição, evita-se e muito bem a questão ética da seleção dos embriões. Qual o critério, por exemplo, na escolha do embrião que deveria prosseguir na gravidez e qual seria retirado? Quem deveria escolher: a mãe, o casal ou o médico que acompanhou o processo de fertilização? E se os pais quisessem conservar os embriões de meninas, mas os mais saudáveis fossem meninos — ou vice-versa?

Sempre defendi a fertilização assistida para quem não pode ter filhos naturalmente, mas concordo que, no caso de múltiplos, os problemas só aumentam. Imagine o estresse emocional que as famílias passam a enfrentar ao se ver diante de dois, três, às vezes quatro bebês de uma só vez. Não me refiro apenas ao número de fraldas e mamadeiras. A preocupação começa ainda na gravidez, mais sensível e arriscada, e não para quando os bebês já estão instalados em casa. Mesmo para quem é atriz de cinema, a mudança de vida exige muito planejamento, trabalho e amparo afetivo. Para quem ainda tem uma visão romanceada do que significa, basta ler o depoimento das mães de gêmeos e trigêmeos que reconhecem a alegria que os filhos trazem a suas vidas, mas enfrentaram situações difíceis de imaginar nas outras famílias.

Apesar disso, no Brasil, ainda há uma cultura de várias transferências de pré-embriões. Imagino que isso aconteça porque boa parte dos casais acredita que as probabilidades de uma tentativa dar certo são muito baixas quando só um ou dois pré-embriões são transferidos e, na ansiedade de terem aqueles filhos tão desejados, querem uma garantia maior, mesmo à custa de terem que cuidar de muitas crianças depois. Por outro lado, muitos médicos também não querem arriscar a sua reputação em várias tentativas fracassadas e se apoiam em procedimentos arriscados, até mesmo pressionados por quem está pagando, ou seja, o casal aflito.

Veja o caso noticiado no Paraná quando pais de trigêmeas, geradas por fertilização assistida, decidiram depois de elas terem nascido que só queriam duas. De acordo com o que li, funcionários do hospital contaram que, durante o parto, o pai afirmou que levaria somente dois bebês. Chegou a escolher duas das três meninas, que nasceram prematuras e com pulmão ainda em desenvolvimento. Ao saber que uma das escolhidas precisaria de cuidados especiais, por estar mais fragilizada, teria dispensado a garota, dizendo que só queria as saudáveis. Depois, foi dito que, durante o processo de fertilização, os pais sabiam que poderiam ter trigêmeas, mas arriscaram mesmo assim. Quando a gravidez múltipla foi confirmada, cogitaram fazer um aborto de um dos embriões fora do país (redução embrionária), já que no Brasil é proibido. Mas acabaram desistindo. A questão acabou indo parar na Justiça, que deve considerar os aspectos psicológicos envolvidos antes de decidir se o casal fica com as meninas ou se elas vão para algum outro lar.

Independentemente do desfecho, o caso é elucidativo pelo seu significado. Se a questão de seleção de pré--embriões, um conjunto de oito células que não sabemos se será viável quando implantado em útero, suscitou tanta polêmica entre nós, como se verá na discussão em capítulo mais adiante sobre as células-tronco, o que dirá de bebês já nascidos? Concebe-se artificialmente um bebê porque se deseja ardentemente construir uma família, o que é muito natural. Mas não consigo entender por que, depois de nascidos, os pais decidem que não querem mais um dos bebês, como se fosse uma mercadoria escolhida em uma loja que se manda de volta ou se joga fora quando cansa. Os avanços da medicina reprodutiva são uma bênção, e nesses anos todos tenho acompanhado os benefícios trazidos com as novas técnicas de fertilização. Mas há limites na ética e na motivação das pessoas. Por que certos casais desejam tanto ter filhos? E quantos? Dois é suficiente, três é demais?

Por enquanto, a discussão, já delicada, se resume a casos como esse. Mas futuramente, quem sabe, será possível ter a chance de escolher apenas os bebês, por exemplo, de sexo masculino, de olhos azuis ou os quietinhos e deixar de lado as meninas ou os mais chorões. Fico pensando: adotar uma criança não é um processo fácil. Antes de serem considerados aptos a criar uma criança abandonada, e entrar na fila de espera que pode levar anos, os responsáveis passam por inúmeras entrevistas. Será que, antes de submeter-se a uma fertilização assistida e conceber filhos, não deveria haver uma avaliação semelhante?

Capítulo 5

MENINO OU MENINA: O QUE VOCÊ FARIA SE PUDESSE ESCOLHER O SEXO DO BEBÊ?

UMA DAS MAIS EMOCIONANTES indefinições durante a gravidez do casal é saber se o futuro bebê será menino ou menina. A ansiedade não se refere apenas às cores do enxoval ou do quarto, mas à educação, ao modo de tratar, aos sonhos para o futuro. E, embora muitos digam que ter um menino ou menina não faz diferença, o importante é que tenha saúde, há situações em que a preferência dos pais é nítida por um sexo ou por outro. No passado, isso seria impossível, mas na era da genética escolher o sexo do bebê é factível para quem tiver meios para tanto.

Atualmente, há dois métodos disponíveis — em um deles, o casal precisa apenas comparecer a uma clínica, onde a mulher será fertilizada após o isolamento do espermatozoide do parceiro contendo o cromossomo X ou Y, conforme o sexo desejado para o bebê. O processo, conhecido pelo nome comercial de MicroSort e desenvolvido originalmente em uma clínica de fertilização *in vitro* nos Estados Unidos, baseia-se no fato de que o cromossomo Y, que define o sexo masculino, tem menos material genético que o cromossomo X, do sexo feminino. Isso o torna mais leve. De maneira geral, seria como colocar os espermatozoides em um tubo de ensaio. A porção inferior estará enriquecida com espermatozoides mais pesados, e portanto com maior chance de gerar uma menina, enquanto na porção superior será o oposto. O sucesso é maior em caso de meninas (cerca de 88% para meninas e 73% para meninos). As clínicas que oferecem esse serviço não revelam os detalhes da técnica, mas cobram alto pelos resultados.

O outro método, bem mais complexo, cuja taxa de sucesso é ainda maior, chama-se diagnóstico genético pré-implantação (DPI), do qual falamos em capítulos anteriores, originalmente desenvolvido para detectar e evitar doenças genéticas como a anemia falciforme, a doença de Tay-Sachs, a talassemia, a distrofia de Duchenne, entre outras. Nesses casos, após a fertilização *in vitro*, retira-se uma célula do embrião com oito a dezesseis células, para avaliar a ocorrência da mutação presente na família. Mas nada impede que os testes revelem também o sexo do embrião. Para os casais submetidos à fecundação *in vitro*, é possível fazer a seleção antes de o óvulo fecundado ser implantado no útero. Os ovos são fertilizados e cultivados para o estágio de oito células (cerca de três dias). Em seguida, são testados. Se aquela célula tiver dois cromossomos X, será uma menina; e, se tiver um X e um Y, será do sexo masculino. Isso se o embrião for transferido e a gravidez for a termo. Somente aqueles do sexo escolhido são implantados.

Os avanços no estudo do genoma humano permitirão, em um futuro próximo, selecionar também portadores de variantes genéticas associadas à altura, potencial atlético etc. Mas essa é outra história, que trataremos nos capítulos seguintes.

Pode-se imaginar o que a seleção do sexo, se for praticada em larga escala, pode representar. Lembro de um caso que chegou a meu conhecimento. Tratava-se de um casal proveniente de um país asiático. Eles explicaram que, pela legislação daquele país, o filho mais velho herda todo o dinheiro do pai desde que tenha um descendente do sexo masculino. Entretanto, o casal tinha duas filhas e queria indicação de uma clínica para fazer o diagnóstico pré-implantação (DPI). Queriam um descendente de sexo masculino a todo custo. Pagariam qualquer preço por isso.

Explicamos ao casal que, no Brasil, a Resolução 1.358/92 do Conselho Federal de Medicina proíbe que médicos atendam a vontade de escolha do sexo do bebê por outro motivo que não seja o risco de doença genética que só afeta o sexo masculino, como, por exemplo, em famílias que têm casos de hemofilia ou distrofia de Duchenne. O marido não se deixou convencer. Disse que, se não fizessem o DPI, a mulher iria engravidar e, se com o resultado da ultrassonografia descobrisse que era uma menina, iria fazer o aborto. E mais: disse que tentaria de novo até ter um filho homem. Isto é, a clínica, ao recusar-se a fazer o DPI, tornava-se indiretamente responsável pelo aborto de fetos do sexo feminino.

Não é difícil entender por que esse homem achava tal prática possível. Em alguns países, a escolha do sexo do bebê é praticada por vazio legal ou como experimento. A essas práticas recorrem casais que podem viajar grandes distâncias ou gastar fortunas para gerar seus filhos. E os motivos para a escolha do sexo do futuro bebê são os mais variados. A empresa americana que desenvolveu o MicroSort, por exemplo, anuncia que os clientes só podem usar a tecnologia para fins de "equilíbrio familiar", ou seja, aqueles casais com mais filhos do que filhas podem escolher ter uma menina, ou vice-versa. Mas não há como saber se essa regra está sendo seguida. E também não dá para entender por que, na cultura ocidental, esse "equilíbrio familiar" de gênero é considerado tão significativo a ponto de merecer uma referência especial. O fato é que, em alguns países, a escolha do sexo do bebê é praticada até mesmo à margem da lei. Nos Estados Unidos, não existem leis sobre seleção de bebês, embora muitas pessoas defendam que as técnicas de reprodução como a DPI deveriam ter algum tipo de regulação.

Sou a favor do diagnóstico pré-implantação para evitar doenças genéticas, mas não por motivos fúteis, como a escolha do sexo. Aliás, fico imaginando aquele adolescente que hoje provoca os pais dizendo "eu não pedi para nascer", vociferando "eu não queria ser menina, queria ser homem" ou vice-versa. Na Inglaterra, o rumo dessa discussão tornou-se interessante. Um questionário foi enviado em 1993 a um grupo de 2.300 grávidas perguntando se elas preferiam menino, menina ou se a escolha do gênero era indiferente. A análise dos resultados mostrou que, se a população pudesse escolher o sexo de seus futuros filhos, isso não causaria um desequilíbrio de gênero. A natureza é sábia também nesse quesito: dos bebês que nascem no mundo, em média, 51% são meninos e 49%, meninas. Mas morrem mais meninos no nascimento, resultando num equilíbrio geral.

Uma pesquisa semelhante, realizada na Alemanha, deu praticamente o mesmo resultado; o que mostra que não existe uma preocupação tão grande pela escolha do sexo dos futuros filhos entre os ocidentais. Quando existe esse tipo de preocupação, em 95% dos casos, são famílias que já têm um grande número de crianças do mesmo sexo e querem garantir que o próximo seja diferente. Em Israel, depois de muito debate, chegou-se à seguinte decisão: se um casal tiver quatro filhos do mesmo sexo, e quiser uma quinta criança, permite-se que utilize o DPI.

O problema maior ocorre em países como Índia e China, onde determinados valores culturais e religiosos, bem como a economia, levaram a uma preferência declarada por filhos homens. Em algumas regiões pobres da Índia, a proporção de homens para mulheres é de 130 para 100. A preferência por homens advém em muitos casos da necessidade de dote, mesmo em famílias de menor poder aquisitivo, o que torna as mulheres uma desvantagem econômica. Na China, especialmente, cresce o número de nascimento de homens devido ao aborto seletivo, que, embora seja proibido por lei, é praticado em larga escala, já que a Política do Filho Único, estabelecida para barrar o aumento da população, prevê que os casais só tenham um filho, e a preferência é por menino, sendo essa uma exigência cultural ainda profundamente arraigada no povo chinês. Se, por acaso, o bebê é menina, surge para o casal um gravíssimo problema ético e cultural: se ficar com ela, não pode mais ter o filho homem. A triste realidade é normalmente a morte ou o abandono da menina recém-nascida.

Nos dois países, a lei proíbe o uso de ultrassonografia para determinação do sexo, por receio de que os fetos de sexo feminino sejam abortados. Mas isso não significa que não aconteça. Em 1990, o prêmio Nobel de Economia, Amartya Sen, estimou que havia cerca de 100 milhões de mulheres vivas a menos na sociedade indiana. Embora outros tenham considerado esse dado superestimado, existe a preocupação nesse país de que o desequilíbrio de gênero possa significar, em um futuro próximo, que um grande número de homens não vai encontrar mulheres com quem constituir família.

Por outro lado, é muito interessante observar que a escolha de um sexo ou do outro pode mudar em função de fatores que nada têm a ver com as preferências familiares. No Japão, por exemplo, a opção por descendentes masculinos, que era gritante há 25 anos, mudou radicalmente. Uma pesquisa realizada em 1999 revelou que 75% dos casais escolheriam uma menina se tivessem uma só criança. Aparentemente, isso se deve a mudanças na economia e à maior pressão social sofrida pelos homens.

À medida que as técnicas se tornam mais populares, a possibilidade de escolha de gênero poderá levar a um aumento maior do interesse dos pais em garantir com quase 100% de certeza o gênero do bebê. Na verdade, trata-se de uma questão mais complexa que envolve a expectativa dos pais em relação aos seus futuros descendentes. Em seu livro *Genetic dilemmas*, Dena S. Davis contrapõe os desejos às vezes inconfessados dos pais à vontade das crianças. Segundo ela, pais obcecados pela vontade de ter uma filha, ou um herdeiro músico, ou atleta, ou cientista, demonstram enorme dificuldade em aceitar as escolhas futuras dos herdeiros e suas inclinações naturais. Da mesma forma que não aceitariam de bom grado que, depois de um grande sacrifício pagando aulas de piano, o filho desistisse de seguir a carreira.

Também não se contentariam de ter uma menina somente com constituição cromossômica XX, mas sonhariam que ela apresentasse todos os estereótipos associados à feminilidade. Pensemos em um pai que já tem duas meninas e sonha em ter um filho homem. Para quê? Seu desejo é ter um companheiro com quem possa pescar ou assistir ao jogo de futebol aos domingos. Mas por que não poderia fazer isso com suas filhas meninas, se elas assim o quisessem?

Ter nascido menina como resultado do acaso (mesmo no caso de pais que desejavam ardentemente que isso ocorresse) é qualitativamente diferente de ter nascido uma menina como resultado da escolha do sexo. Como diz Dena S. Davis, a questão é complexa: "O futuro dessa criança será influenciado não apenas pelo sexo, mas pelas expectativas e motivações dos pais ao selecionar o gênero".

Mas há outro lado da questão. Em um livro muito interessante sobre o tema, *Babies by design: the ethics of genetic choice*, o americano Ronald M. Green estabelece que é bastante difícil determinar se o motivo da escolha do sexo de um bebê é de fato fútil. Ele cita o caso de um casal de escoceses, Alan e Louise Masterton, que perdeu uma filha de três anos em um terrível incêndio em sua residência. Nicole era a única menina numa família em que já havia quatro irmãos. O casal quis ter outra menina por fertilização assistida, mas o órgão encarregado de dar a autorização em programas desse tipo na Inglaterra negou o pedido. Naquele país, só é autorizada a escolha de sexo para evitar o nascimento de uma criança com problemas genéticos.

Os Masterton não desistiram e procuraram clínicas que ofereciam o DPI em outros países. O caso tornou-se público, tendo Alan protestado: "Será que nós não podemos, sendo pais amorosos e bem estabelecidos, decidir o que é melhor para a nossa família?". A discussão foi adiante: será preciso que casais que tenham motivos pessoais necessitem se deslocar e buscar solução onde não vigora nenhuma lei a respeito? O caso dos Masterton desencadeou discussões importantes sobre os impactos dessas escolhas na vida da família e da sociedade.

E no Brasil? Sempre tive curiosidade em saber qual seria o resultado de uma pesquisa como aquela feita na Inglaterra, sobre o interesse dos casais em ter um filho deste ou daquele gênero. Meu palpite é que, nos centros urbanos, ter um menino ou menina não faz diferença. Para tentar tirar isso a limpo, fiz uma enquete preliminar na revista

Veja. Um total de 1.616 pessoas respondeu. Eram pessoas com o seguinte perfil: 82% tinham entre vinte e quarenta anos, 85% tinham nível universitário e 64% se declararam do sexo feminino. A pergunta-chave era: se você pudesse ter um só descendente, o que escolheria? As respostas foram: 37% meninos, 32% meninas e 31% indiferente.

Já afirmei várias vezes que nunca me senti discriminada como cientista por ser mulher. Mas talvez a experiência fosse diferente em locais distantes onde a preocupação pelo destino das mulheres das famílias é maior. Embora o comentário de uma leitora no meu blog tenha lembrado que, seja nos centros urbanos, seja na área rural, as mulheres brasileiras sofrem de enorme discriminação, a começar dos salários, que são, em média, 30% inferiores aos dos homens, além de violência e preconceito. Está aberta a discussão.

Capítulo 6

EMBRIÕES SALVADORES OU O MOTIVO PELO QUAL EU NASCI

O FILME *UMA PROVA DE AMOR*, baseado no livro *My sister's keeper* da americana Jodi Picoult, conta a história de Anna, uma menina de treze anos que processa os pais para obter emancipação médica e os direitos sobre seu próprio corpo. Anna foi concebida por meio de fertilização *in vitro* para ser geneticamente compatível com sua irmã mais velha, Kate, que sofre de um tipo de leucemia mieloide aguda. Apesar de ser uma menina saudável, durante toda a sua vida Anna frequentou consultórios médicos, fez cirurgias e transfusões para que sua irmã pudesse viver. Até o momento em que, ao completar quinze anos, Kate começa a sofrer de insuficiência renal e Anna descobre que será obrigada a doar um de seus rins para a irmã.

Essa é uma história de ficção. Mas poderia ocorrer nesse mundo em que já é possível escolher "irmãos salvadores" gerados por fertilização assistida. Por essa técnica, casais podem selecionar embriões imunologicamente compatíveis para serem implantados de modo que, ao nascer, doem o sangue do cordão umbilical ou da medula óssea para salvar um irmão ou irmã. Por exemplo, pacientes afetados por leucemia, talassemia ou algumas formas de anemias hereditárias para os quais um transplante é a única salvação. Por isso são chamados de "irmãos salvadores".

De minha parte, acho impossível não ficar emocionada com dramas como esses. O primeiro de que tive conhecimento foi o caso de Molly. Era um bebê aparentemente normal, mas nos primeiros meses de vida começou a apresentar uma grave anemia. Depois de vários exames, foi diagnosticada anemia de Fanconi, uma doença genética (de herança autossômica recessiva — ver "Para entender melhor"), que faz com que a medula óssea perca aos poucos as suas funções. A falência da medula leva não apenas à anemia, mas a distúrbios hemorrágicos. A causa mais frequente de morte é a leucemia. Era o caso de Molly, que estava piorando progressivamente. Só havia uma solução para salvá-la: um transplante de células-tronco de medula óssea ou de cordão umbilical.

Molly, porém, não tinha doador compatível. Seus pais decidiram então ter outra criança que doaria seu cordão umbilical para a menina, na época com cinco anos. Mas existia um agravante: esse futuro irmãozinho, além de não ser portador da anemia de Fanconi, também teria que ter o sangue compatível. Não era possível jogar com a sorte. Não havia tempo para arriscar. A única maneira de garantir isso seria fazer uma fertilização *in vitro*, selecionar um embrião compatível e implantá-lo no útero da mãe.

Ocorre que isso se deu na década de 1990 e, na época, tal procedimento nunca havia sido feito. Até então o diagnóstico pré-implantação (DPI) só havia sido oferecido para selecionar embriões que não fossem portadores de uma mutação responsável por uma doença genética grave. Nunca se havia pensado em escolher um embrião que também deveria ser compatível para doar seu cordão umbilical. Começaram então os debates envolvendo filósofos, geneticistas, bioeticistas. Ético ou não ético? Não havia consenso. Como se sentiria essa criança gerada para salvar sua irmã? Isso não seria injusto com ela? Eram ponderações levantadas em torno da discussão.

O resto da história me foi relatado pelo próprio médico de Molly e pioneiro da técnica de DPI, Mark Hughes. Ele conta que, um belo dia, o pai da criança entrou no seu laboratório. Estava desesperado e tinha o rosto transtornado. Com um murro na mesa, começou a esbravejar: "Enquanto vocês ficam tentando decidir o que é certo ou errado, a minha filha está morrendo. As pessoas querem ter filhos pelas mais diferentes razões. Porque se sentem sós, por causa de uma herança, porque querem alguém para cuidar deles durante a velhice, até para tentar salvar um casamento. Por que não podemos ter uma criança para salvar nossa filha que está morrendo? Vamos amá-la do mesmo modo que amamos Molly!".

Foi nesse momento, conta o dr. Hughes, que ele se decidiu. Sabia que não seria fácil, mas iria ajudar aquele casal. Fizeram uma primeira tentativa de selecionar um embrião compatível com Molly, mas a mãe não ficou grávida. Na segunda tentativa, ela engravidou, porém teve um aborto depois de dois meses. A terceira tentativa foi bem-

-sucedida. Hoje, Molly é uma moça saudável com a vida pela frente. Seu melhor amigo? Adam, seu irmão mais novo.

Quem poderia condenar casais que recorrem a essa tecnologia para salvar um filho? Nos Estados Unidos, atualmente, depois da divulgação de casos como esse, a prática já está estabelecida. Mas as questões éticas a ela associadas, e que levaram ao filme e ao livro de Jodi Picoult, preocupam especialistas de outros países. Na Inglaterra, país pioneiro na fertilização *in vitro* desde o nascimento da primeira criança, Louise Brown, em 1978, e onde, não por coincidência, as discussões éticas sobre temas correspondentes estão mais adiantadas, essa prática é legal, mas só com aprovação da autoridade médica, como ficou estabelecido no Human Fertilisation Embryology Act (HFEA).

Essa aprovação, no entanto, não é concedida se for constatado que a criança foi gerada não porque os pais desejassem mais um filho, mas só para tentar salvar um irmão doente ou condenado. Foi o que levou a resultados diferentes os dois casos que relato a seguir.

No primeiro, o casal Raj e Shahana Hashmi tinha um filho de três anos, Zain, portador de talassemia, uma doença genética caracterizada pela impossibilidade de fabricar hemoglobina. O paciente é obrigado a receber transfusões sanguíneas frequentes até que a única solução para mantê-lo vivo é um transplante de medula de doador compatível. O pai e a mãe de Zain eram portadores da mutação que causa a doença, o que significava que havia uma chance de 25% de que um outro filho também a tivesse. Mesmo assim, Raj e Shahana queriam ter mais filhos. Tiveram Haris, concebido de forma natural, e que felizmente não tinha talassemia, mas cujo sangue não era imunologicamente compatível com o do irmão mais velho.

Sem poder receber o transplante do irmão, a saúde de Zain se deteriorava rápido. Os Hashmi procuraram desesperadamente um doador nos bancos de medula e cordão umbilical, mas nada encontraram. Como o casal queria ter mais filhos, resolveram que o próximo bebê, além de saudável, deveria ajudar a salvar Zain. A história teve um final feliz: a autoridade médica deu permissão para que fosse realizada a fertilização *in vitro* e para o diagnóstico pré-implantação, com o objetivo de selecionar um embrião que não tivesse as mutações para talassemia e que fosse também compatível. E assim o menino primogênito foi salvo.

No segundo caso, o desfecho foi diferente. Michelle e Jayson Whitaker já tinham uma criança de três anos, Charlie, que sofria de uma doença rara chamada anemia de Blackfan-Diamond (DBA), na qual a medula óssea produz pouquíssimas células vermelhas (hemoglobina). Isso obriga a criança a fazer um esforço incrível para que o coração bata regularmente e o oxigênio possa circular pelo organismo. A doença pode levar à fadiga e ao cansaço crônicos, além de irritabilidade, fazendo com que a pessoa se sujeite a uma vida de transfusões diárias e remédios.

Nesses casos, o transplante de uma medula óssea compatível pode ajudar. A busca, no entanto, resultou infrutífera. Foi quando o casal constatou que, se tivesse outro filho imunologicamente compatível, haveria 90% de chance de fazer com que Charlie pudesse ter uma vida igual à de outras crianças de sua idade. Mas havia uma diferença em relação à situação do menino Zain: apesar de representar um grande sofrimento, a DBA não é uma doença mortal. Charlie não corria o risco de morrer jovem. Mesmo assim, como no caso dos Hashmi, os Whitaker requereram autorização do Departamento de Saúde inglês para fazer fertilização e DPI, afirmando que desejavam ter um outro filho de qualquer jeito e, portanto, essa não seria uma criança nascida apenas para salvar o irmão. A questão foi submetida ao HFEA.

Apesar de os dois casos serem parecidos, havia uma diferença sutil. Para a autoridade médica britânica, o procedimento, no caso dos Hashmi, era do interesse tanto do futuro bebê como de Zain, ou seja, o DPI era necessário para garantir que ele não teria talassemia e, portanto, nasceria saudável. E, já que seria selecionado um embrião livre da doença, por que não acrescentar mais um fator, a compatibilidade sanguínea, para que o futuro bebê servisse como doador?

Porém, no caso dos Whitaker, o entendimento foi diferente. A anemia de Charlie não era hereditária e, além disso, era muito rara. Isso significava que a chance de que seus pais tivessem outro filho com a doença não era maior do que na população em geral (cinco a sete em 1 milhão) e, portanto, um embrião concebido de forma natural dificilmente teria o mesmo problema. No entendimento da lei britânica, somente embriões com risco de ter a mesma doença podem ser selecionados por DPI. A solicitação foi rejeitada.

Será que essa decisão não foi rigorosa demais? Estamos preparados para decidir questões tão íntimas de cada casal? Temos esse direito? Não sei qual foi o seguimento desse caso, mas, nos Estados Unidos, por exemplo, pais de filhos com leucemia ou com anemia podem selecionar embriões para que os futuros bebês doem células do cordão umbilical para seus irmãos doentes, se assim o desejarem. A escolha fica por conta dos pais, que, afinal de contas, são as pessoas que devem saber melhor por que querem ter filhos. Essa decisão, no entanto, deve ser tomada após orientação dos geneticistas para que o casal tenha plena consciência dos prós e contras da atitude que tomou.

Alan Handyside, especialista em reprodução assistida, assina um artigo na revista *Nature* no qual faz um balanço dos vinte anos desde o primeiro DPI: como começou, o que é possível hoje e as perspectivas futuras. No artigo, intitulado "Let parents decide" [Deixem os pais decidirem], ele defende que genitores — quando bem informados — são geralmente melhores juízes do que a obediência a uma lei padronizada, quando o objetivo é decidir sobre o uso dessa tecnologia.

Devo dizer que concordo com ele: no caso de doenças genéticas, quem convive com elas sabe melhor do que ninguém se quer ou não que elas sejam transmitidas. Mas a questão é bem mais delicada, principalmente no caso de doenças dominantes (risco de 50% de transmitir o gene defeituoso para a descendência), nas quais um dos cônjuges é afetado. Se for a própria pessoa que tem a doença genética, e que decide não querer ter filhos afetados, não há o que discutir. Ela, melhor do que ninguém, sabe as dificuldades que têm com aquele problema. Por outro lado, as pessoas aceitam e lidam com seus problemas de maneiras diferentes. Lembro-me de um dia no qual, por coincidência, atendi duas consulentes afetadas pela mesma doença neuromuscular. Uma era dentista e a outra psicóloga. Ambas estavam na casa dos trinta anos e eram casadas. A dentista já tinha uma filha e queria engravidar de novo. Não se incomodava muito com o risco genético. Não considerava a doença um grande empecilho na sua vida. Já a psicóloga se recusava terminantemente a colocar filhos no mundo com aquele problema.

Mas há situações nas quais o marido é o afetado e a mulher declara que não quer ter filhos com aquela doença, ou vice-versa. Fico sempre incomodada nesses casos. Como se sente o cônjuge doente quando ouve isso? Será que o recado que recebe do seu parceiro(a) é: você não deveria ter nascido?

A HFEA é muito respeitada e costuma tratar cada caso de seleção de embrião separadamente. Até agora, restringiu os testes genéticos apenas a doenças hereditárias consideradas muito sérias e frequentemente fatais, como anemia falciforme, fibrose cística e coreia de Huntington. Ao longo dos anos, a sua lista foi crescendo, e hoje são 130 os males para os quais a entidade permite a realização de testes pré-

-implantação de embriões. Mas Handyside argumenta que ainda não é suficiente. Em sua opinião, essa é uma lista que deveria ser abolida, uma vez que aos pais caberia decidir quais as condições que eles não gostariam de ver em seus futuros filhos. Ele é mais radical e cita, por exemplo, autismo, asma e até mesmo o mal de Alzheimer, que apenas afetaria alguém no fim da vida.

Já se fala em testes genéticos para futuros pais avaliarem se os filhos terão alguma possibilidade de vir a ter essas e outras doenças menos significativas. Em caso positivo, os pais procurariam fazer o diagnóstico pré-implantação, optando pela escolha de embriões selecionados para não ter a condição indesejada. Até onde? Já se mencionou a venda de *kits* para a realização desses testes, da mesma forma que já existem para adultos que querem se prevenir de vir a ter câncer ou problemas cardíacos (como veremos em capítulo mais adiante).

Concordo que estabelecer limites para a realização do DPI ainda vai dar muito o que falar nas próximas décadas. Acho importante que, nos países onde a técnica está evoluindo rapidamente, como na Inglaterra, essas questões sejam discutidas e haja legislação a respeito. Pode ser que, no futuro, casos como o de Charlie — ou mesmo aquele relatado no filme — venham a ser um problema — ou não. Por outro lado, como garantir a um casal, ou a uma família, que não haverá problemas após o nascimento? Que não haverá dificuldades de relacionamento entre irmãos ou pais e filhos? No Brasil, onde a situação já serviu até de tema de novela, sabemos de casos esporádicos de irmãos que nasceram com essa incumbência, mas não acompanhamos suas vidas. Seria interessante saber como evoluíram essas histórias.

Capítulo 7

Projeto Genoma ou o que esperar de nossos genes

Ouço frequentemente dizer que o Projeto Genoma Humano, iniciado em 1990, cuja proposta era determinar em quinze anos o mapeamento de todos os genes responsáveis por nossas características hereditárias, não cumpriu as promessas anunciadas. Discordo — em parte. O projeto foi concluído — ou quase todo concluído — em 2003, portanto, dois anos antes do previsto. A promessa, nesse caso, foi cumprida com louvor. Lembro-me de uma conferência emocionante em Cancún, no México, em abril de 2003, que celebrava tanto os cinquenta anos da descoberta da estrutura molecular do DNA, por James Watson e Francis Crick em 1953, quanto o fim do sequenciamento do genoma humano. Na ocasião, Francis Collins, um dos coordenadores do projeto, exclamou comovido no fim de sua palestra: "We did it!" [Nós conseguimos!]. Por outro lado, se pensarmos na promessa da década de 1980, de que a determinação do genoma iria mostrar "o que é o ser humano" ou "a linguagem em que Deus criou a vida", ou se alcançaria "o Santo Graal da biologia" e outros exageros hiperbólicos desse tipo, o Projeto Genoma Humano só poderia causar frustração. Diz-se que essas expressões foram cunhadas na época justamente porque os cientistas ainda estavam em busca de patrocinadores de um sonho, que iria custar muito tempo para se tornar realidade e demandar mais de 2 bilhões de dólares.

Muito se tem escrito sobre esses exageros e com razão. É um erro que, para obter subvenções ou para se chamar a atenção, prometam-se coisas que não se podem cumprir. Começando pela ideia de que o Projeto Genoma Humano iria permitir curar todas as doenças. Ou de que seria possível impedir ou prevenir o aparecimento de doenças como a distrofia muscular, o câncer ou o mal de Alzheimer. Ou fazer com que as pessoas pudessem ter filhos perfeitos exatamente como imaginavam ou idealizavam. Já vou avisando que essas são promessas impossíveis, mesmo que seja repetitivo enfatizar esse aspecto do nosso trabalho.

Lembro-me de uma vez em que estava voltando de um congresso internacional e a meu lado, no avião, se sentou um jovem francês. Começou a puxar conversa (estava indo ao Brasil pela primeira vez) e, quando soube que eu era geneticista, comentou com um olhar meio assustado: "Vocês são perigosos. Conseguem fabricar embriões com várias características. Qual será o limite?". Comecei a rir. Mal conseguimos selecionar embriões não portadores de algumas mutações, que dirá fabricá-los. Mas essa diferença entre filmes de ficção científica e a realidade ainda é muito tênue na cabeça das pessoas. O que é possível fazer ainda não foi muito bem analisado — daí a razão deste livro. E o que não é continua a ser visto como estando ao nosso alcance, embora não esteja. Com certeza, somos muito mais limitados do que pensa a maioria.

Já ouvi pais me perguntarem acerca de coisas impossíveis durante as seções de aconselhamento genético. Por exemplo, se seria possível retirar o cromossomo a mais existente em seu filho com síndrome de Down (os portadores desse distúrbio apresentam três cópias de cromossomos 21, em vez de duas), ou trocar um gene ou um cromossomo defeituoso por outro, em outros casos de mutação que levam a doenças sérias. Infelizmente, temos que explicar que a medicina e o conhecimento científico não permitem tanto. Os cientistas têm a obrigação de ser particularmente atentos e honestos em seus discursos e mostrar de forma clara os limites da análise genética, ainda mais em um terreno com tantas e tão imensas consequências emocionais e sociais. Mesmo assim, a imaginação dos consulentes pode ser muito fértil, e já ouvi frequentemente afirmações de coisas que eu teria dito e que de fato nunca saíram de minha boca.

Para começar, o desenvolvimento de uma pessoa se caracteriza por uma sucessão contínua de eventos que ocorrem ao longo do tempo até a sua morte. O tipo de alimentação que recebe, o local onde vive, a família e o amor de que é objeto, os amigos, os sucessos, os fracassos, a sucessão de acontecimentos na sua vida, tudo isso tem importância na sua história e na maneira como vive e age. Da mesma forma, tem importância o código genético, que, *grosso modo*, contém uma série de instruções para a montagem do nosso organismo e que vão dirigir o seu desenvolvimento. Conhecemos algumas peças que, se não estiverem montadas de determinados jeitos, podem dar origem a doenças. Mas, em outras situações, a existência de uma peça defeituosa não basta; ela predispõe à doença ou aumenta a probabilidade de contraí-la. Mas, para que a doença se manifeste, são necessários outros fatores, produzidos em geral pelo ambiente. Ou é a interação entre diversas peças e a sua relação com o nosso modo de vida que dão origem a males ainda tão difíceis de curar.

Voltando ao Projeto Genoma Humano, o seu objetivo era sequenciar o nosso genoma, isto é, identificar todos os genes responsáveis por nossas características hereditárias. Isso seria possível estabelecendo a ordem das unidades químicas que formam a molécula do DNA e que permitem a transmissão da informação genética através das gerações. Essas unidades químicas são representadas pelas letras A (adenina), G (guanina), T (timina) e C (citosina), que, de acordo com a sequência, determinam as características de um organismo. Como são muitas, 3 bilhões de pares dessas unidades ou bases, de fato, a definição da sequência completa foi um empreendimento gigantesco e grandioso, comparável, para muitos, com a primeira ida do homem à Lua. Tanto que deu origem a duas abordagens diferentes de trabalho, protagonizadas por dois cientistas que ficaram famosos pelo feito, mas também por suas divergências — Francis Collins, que já mencionei no evento em Cancún, que dirigia na época o Instituto Nacional de Pesquisa do Genoma Humano, vinculado aos Institutos Nacionais de Saúde dos Estados Unidos (NIH), e Craig Venter, que estava à frente da companhia Celera, fundada por ele com capital da Perkin-Elmer, empresa que comercializava sequenciadores de DNA.

Menciono o nome dos dois para explicar o que estava em jogo durante o andamento do projeto e o progresso alcançado até hoje. O projeto público, internacional, comandado por Collins, nos Estados Unidos, e por John Sulston, na Inglaterra, era meticuloso e mais demorado, construindo o genoma humano pedacinho por pedacinho e depois montando as partes até completar a sequência. O de Venter era mais rápido, propondo-se a sequenciar todo o genoma de uma vez. Por esse método, o DNA é todo picotado, e os bilhões de pedacinhos são lidos rapidamente por um software no computador. Mas havia outras diferenças entre eles. O Genoma Humano montado com dinheiro público visava tornar todas as informações conhecidas de quem quisesse e pudesse aproveitá-las para o desenvolvimento de remédios e curas para doenças. Venter, que trabalhava com financiamento privado, pretendia ganhar dinheiro com a venda de informações conseguidas com o sequenciamento do genoma. Não deu certo, e ele acabou deixando a Celera por divergências com outros acionistas da empresa e criou sua própria companhia. Mas continuou, com suas ideias e empreendimentos geniais, a levar o conhecimento sobre o genoma adiante, por exemplo, com a criação, em 2010, de uma bactéria com um genoma produzido por meio de engenharia genética. Nesse caso, ele remontou no laboratório os pedaços de DNA da bactéria *Mycoplasma capricolum* e inseriu em outra (*Mycoplasma mycoides*). Seu objetivo é, no futuro, produzir micro-organismos úteis ao homem, por exemplo, bactérias mais eficientes em degradar a celulose ou o plástico, criando novas fontes de combustível biodegradável.

O Projeto Genoma Humano dependia principalmente de sequenciadores, máquinas que pudessem determinar a sequência de bases do DNA humano em pouco tempo e a um custo acessível. Na época, o projeto público usou seiscentos desses equipamentos espalhados em diversos laboratórios de vários países. A Celera, por sua vez, utilizou cerca de trezentos sequenciadores, todos sob o mesmo empreendimento. Foram doze anos de espera até que os dados do projeto público apareceram em onze artigos acompanhados de comentários na edição de 15 de fevereiro de 2001 na revista *Nature*. Os dados da Celera apareceram um dia depois, no número de 16 de fevereiro da *Science*. Mas o Projeto só terminou oficialmente em abril de 2003, como mencionei antes.

Com a evolução da tecnologia dos sequenciadores, hoje essas máquinas fazem o mesmo trabalho que as equipes do genoma executaram no início do século, só que 50 mil vezes mais rápido. Para se ter uma ideia: em 2007, foi possível fazer o sequenciamento do genoma de James Watson em dois meses ao custo de 1 milhão de dólares. Estima-se que o custo pode baixar até mil dólares nos próximos anos e já se fala de sequenciadores para consultórios médicos. Ou seja, descobrir se temos mutações ou variações em nossos genes está se tornando cada vez mais fácil. Mas essa é apenas uma parte da questão. As máquinas trabalham bem, mas o que fazer com a interpretação desses dados?

A cada vez que olhamos o genoma humano descobrimos mais perguntas sobre a nossa intrincada biologia. Mesmo agora, ainda existem regiões não sequenciadas do genoma e genes a serem descobertos. Descobrimos também que temos um número muito menor de genes do que imaginávamos — algo como 21 a 22 mil. E que estes possuem inúmeros mecanismos para produzir proteínas diferentes, o que explica por que não precisamos de um número tão grande deles como se imaginava antes do sequenciamento executado pelo Projeto Genoma Humano. Descobrimos ainda que o RNA, que se supunha ser um mero transportador de informações, pode influenciar o comportamento de nossos genes de muitas maneiras. E, mais importante ainda, descobrimos que tanto quanto existe uma diversidade infinita de espécies do mundo vivo, existe também uma diversidade enorme entre indivíduos no seio da mesma espécie. Aliás, o próprio Craig Venter se encarregou de comprovar essa tese. Ele foi o primeiro ser humano, antes mesmo de James Watson, a ter todo o seu genoma descrito, o que permitiu comparar os resultados obtidos com um banco de dados de referência do Projeto Genoma Humano, demonstrando que havia muitas variações entre os dois mapas.

"Isso mostra que somos substancialmente mais diferentes uns dos outros do que especulávamos, e isso é uma boa notícia para a humanidade", afirmou Craig Venter na época. Eu gostaria de acrescentar: nem poderia ser diferente. É essa variedade de aptidões físicas e mentais que confere às populações humanas suas possibilidades de responder aos desafios do ambiente, suas ferramentas para progredir em sociedade, desenvolver culturas ricas, criar e ter comportamentos diferentes. É isso que faz com que a espécie humana tenha modelos de beleza como Gisele Bündchen, atletas e medalhistas olímpicos como os nadadores Ian Thorpe ou Cesar Cielo, músicos da estirpe de Miles Davis e tantos outros. Portanto, todo tipo de homogeneização, destinada a contribuir para a criação de indivíduos iguais ou "normais", ideais ou perfeitos, só tende a empobrecer a todos nós.

Não há genes ótimos ou "normais", mas apenas coleções de genes que nos permitem viver e reproduzir com sucesso hoje e, principalmente, que podem ser diferentes dos considerados "normais" de amanhã.

Embora essas riqueza e variação sejam tão importantes, elas tornam a cura das doenças mais difícil. Se tudo fosse uniforme, o Projeto Genoma Humano teria desvendado a causa e alcançado a cura de doenças graves, como diabetes e câncer. Não teriam sido nenhum exagero as promessas feitas na época. O resultado do trabalho seria de fato um manual, o livro da vida. O médico leria o DNA do paciente e procuraria por algum gene ou mutação diferente potencialmente responsável por aquela doença. Se encontrasse alguma alteração conhecida, prescreveria um tratamento que atuasse direto naquele gene. E tudo estaria acertado. Mas as coisas não são assim tão simples. Daí a demora de apresentar resultados concretos, o que também é uma queixa dos críticos do Projeto Genoma Humano. Aliás, para entender melhor essa demora, é preciso explicar que esse projeto teve duas fases. Da primeira, ou seja, do sequenciamento dos bilhões de unidades químicas que formam a população humana, o Brasil participou pouco. Concentramos nossos esforços em desenvolver conhecimento nessa área, fazendo o sequenciamento completo de uma espécie menor — a *Xylella fastidiosa*, a praga do amarelinho. A proposta inicial era aumentar o número de laboratórios e de pesquisadores na área de biologia molecular e de bioinformática e aprender a trabalhar em conjunto para conhecer o genoma utilizando dados obtidos pelos sequenciadores. Depois de muitas discussões, foi escolhida a *Xylella*, por ter um tamanho possível de ser sequenciado em dois anos — naquela época — e pelo seu interesse econômico. Os resultados foram muito além da expectativa. Reunimos quase duzentos cientistas em 34 laboratórios. Conseguimos sequenciar o primeiro patógeno de plantas no mundo, demos um salto no desenvolvimento da bioinformática e fomos capa da prestigiosa revista científica *Nature* em 2000. O Brasil deixou de ser conhecido internacionalmente apenas como o país do carnaval, das praias e do futebol. Mostramos ao mundo que dominávamos a tecnologia de ponta do sequenciamento de DNA. O então governador de São Paulo, Mario Covas, quis comemorar a nossa conquista reunindo todos os participantes em um evento na Sala São Paulo. Nunca esqueci a emoção daquele momento. No caminho havia faixas dizendo: "São Paulo tem orgulho de seus cientistas". Eu me senti como um jogador de futebol voltando ao Brasil após ganhar a Copa. Depois disso, nosso conhecimento continuou a evoluir, com o desenvolvimento de uma técnica que permitiu resultados muito mais rápidos, ao sequenciar a área central dos genes, utilizada para entender melhor alguns tipos de câncer de estômago, boca, colo de útero, que não eram o objetivo de muitas pesquisas no exterior.

Várias pessoas me perguntam se participamos diretamente no Projeto Genoma Humano. Na realidade, nosso grupo não esteve envolvido de forma direta no processo de sequenciamento, ou na identificação das "letrinhas", as famosas ATGC. Mas tivemos — e continuamos a ter — um papel importante no chamado Genoma Funcional, que é, na realidade, a segunda fase do projeto e seu objetivo maior: entender a função dos genes. Nossa atuação se deve ao fato de se tratar da continuação do trabalho que já executávamos no Centro de Estudos do Genoma Humano.

A natureza de nossas pesquisas é fazer o mapeamento de genes responsáveis por várias doenças e descobrir quais são as suas funções a partir do estudo de genealogias com doenças genéticas. Se constatamos que há várias pessoas afetadas em uma mesma família, esse é um sinal da existência de um gene defeituoso (às vezes mais de um), que pode estar causando aquela doença. Quando procuramos esse gene desconhecido, o primeiro passo é o mapeamento, isto é, saber em que região, dentre os 23 pares de cromossomos humanos, ele está. O segundo passo é identificar qual é a mutação ou erro genético que está sendo transmitido naquela família de modo a causar aquela patologia.

Mal comparando, é como achar uma casa onde há um vazamento de água, na cidade de São Paulo, sem endereço. É o que chamamos de mapear. Uma vez achada a casa, precisamos descobrir por que está havendo o vazamento. Cano furado? Encaixe malfeito? O terceiro passo é tentar entender qual é a função daquele gene, qual é o seu papel no organismo. Isto é, quem mora naquela casa e o que eles fazem. Entender a função do gene é fundamental para saber como ele funciona normalmente e por que ele é responsável por uma doença genética quando existe uma mutação. A partir daí, a ideia é desenhar estratégias para corrigir seu mau funcionamento.

No início, antes do Projeto Genoma Humano, achar um gene novo, ou a tal casinha sem endereço em uma cidade como São Paulo, era um trabalho gigantesco. Representava uma aventura que podia levar anos. Hoje, com o desenvolvimento da tecnologia de sequenciamento e as informações do Projeto Genoma Humano armazenadas em bancos de dados, podemos fazer isso bem mais rapidamente, às vezes em dias. Dá para entender agora o meu entusiasmo com o projeto?

Mas, de novo, é preciso enfatizar que essas pesquisas não são simples. Às vezes, os genes estão ligados diretamente a determinadas doenças. Um único defeito em determinado gene é suficiente para causar uma patologia. Mas, na maioria dos casos, achar mutações patogênicas e saber o que elas fazem pode ser uma tarefa árdua. O Centro de Estudos do Genoma Humano tem contribuído com uma participação importante nessa área. Identificamos cerca de vinte genes novos, descobrimos a função de vários deles e hoje estamos pesquisando novas estratégias para corrigir o defeito pelo qual são responsáveis.

O estudo do genoma também tem permitido descobrir que, para algumas doenças, pessoas portadoras da mesma mutação podem ter um quadro clínico discordante, variando desde uma forma grave até ausência de sintomas. Isso demonstra que muitas mutações ditas "patogênicas" podem não ser determinantes por si só de uma patologia e que outros fatores interferem na expressão dos genes. A identificação desses fatores que protegem algumas pessoas dos efeitos deletérios de determinado gene abre um leque enorme para futuros tratamentos. E é mais uma evidência de que não há determinismo genético.

Por outro lado, a resposta individual aos medicamentos, isto é, por que um mesmo remédio pode ser benéfico, inócuo ou prejudicial para diferentes pessoas, também depende em grande parte de nossos genes. Por exemplo, a velocidade com a qual metabolizamos uma droga depende de nosso perfil genético. Se formos metabolizadores rápidos, precisamos de doses maiores porque a droga será rapidamente eliminada do organismo. Mas, se formos metabolizadores lentos, uma mesma droga, que pode ser benéfica para uma pessoa, poderá ter efeitos tóxicos e se acumular no nosso organismo. De fato, milhares de pessoas morrem todos os anos por causa dos efeitos adversos de drogas.

Se as pessoas soubessem o efeito catastrófico que alguns medicamentos podem causar, pensariam duas vezes antes de receitar um "remedinho ótimo" para seu vizinho, uma prática muito comum entre nós. Lembro-me de um professor famoso de neurologia que nos contou que atendeu um dia uma menina que chegou ao pronto-socorro do hospital em coma. A garota não havia sofrido nenhum acidente e no exame clínico não parecia haver nada que justificasse aquele estado. Até que se descobriu a causa. Havia ingerido o remédio de sua irmã que era diabética e, como ela tinha níveis normais de glicemia, no seu organismo a droga havia causado uma profunda hipoglicemia e daí o coma.

O conhecimento que está sendo conquistado pelo estudo do nosso genoma vai revolucionar o modo como são prescritos os medicamentos atualmente. Em um futuro muito próximo, eles serão administrados de acordo com o perfil genético de cada um. Iremos ao médico e, antes de ele receitar um remédio, faremos um exame genético para saber qual é a droga que mais se adapta ao nosso perfil genético e em que dose devemos tomá-la. E, com isso, as bulas com letras minúsculas que acompanham os remédios descrevendo os possíveis efeitos colaterais não serão mais necessárias. Já pensaram que maravilha? Aliás, para o tratamento de câncer, a chamada farmacogenômica tem sido uma importante aliada no direcionamento de tratamentos. É por aí que a tal medicina personalizada está começando, e esperam-se várias novidades nos próximos anos.

Resta abordar uma última questão que trataremos com mais vagar nos capítulos seguintes. Como a evolução e o barateamento dos sequenciadores tornarão a descoberta de mutações ou variações em nossos genes mais comuns, os testes genéticos vão se disseminar cada vez mais? Como já expliquei, isso não significa que a interpretação do seu significado seja simples. No Centro de Estudos do Genoma Humano, já identificamos mutações que teoricamente causariam doenças graves em pessoas totalmente normais. Foram descobertas simplesmente porque foram feitos testes em parentes saudáveis de doentes afetados. Como lidar com isso? É uma grande incógnita. O parente veio ao centro apenas a fim de contribuir para elucidar o diagnóstico de uma pessoa afetada de sua família e descobre que ele, que é totalmente normal, é portador de uma mutação associada a uma doença. Será que vai desenvolvê-la mais tarde ou permanecerá assintomático toda a vida? Qual é o risco de transmitir essa mesma mutação de efeito desconhecido para a sua prole? Não sabemos. A constatação pode ajudar a prevenir uma doença? Ou pode simplesmente gerar uma angústia e um sofrimento desnecessários, já que ele pode nunca desenvolvê-la e nem transmiti-la?

Ao sequenciar o genoma de pessoas jovens, iremos cada vez mais encontrar alterações novas cujos significados ainda são desconhecidos. Estão associadas a um risco aumentado para certas doenças ou são manifestações inócuas que simplesmente contribuem para que uma pessoa seja diferente da outra? Para tentar resolver essa questão, estamos desenvolvendo um projeto no Centro de Estudos do Genoma Humano chamado 80+. Estamos coletando DNA de pessoas com mais de oitenta anos que estão saudáveis tanto do ponto de vista cognitivo como físico, isto é, capazes de viver independentemente. Essas pessoas serão também submetidas a uma ressonância funcional do cérebro. Queremos saber como ele funciona. A meta é coletar pelo menos mil amostras que nos darão um parâmetro para os novos achados no genoma. Se forem encontradas alterações desconhecidas em um jovem, iremos comparar com as nossas amostras de 80+. Se coincidirem, saberemos que se trata de uma mutação sem importância para a saúde. Caso contrário, valerá a pena aprofundar a pesquisa para entender melhor o significado daquelas alterações.

A ciência evolui tão rapidamente que, enquanto escrevemos este capítulo, novas observações, publicadas na revista *Science* em maio de 2011, podem revolucionar nossas pesquisas. Todos nós aprendemos que as sequências de bases que estão no DNA são copiadas pelo RNA e determinam a sequência de aminoácidos que vão formar as proteínas. Isso é considerado quase o bê-á-bá da genética. Quando a leitura do RNA não corresponde à do DNA, isso é considerado um erro ou uma mutação. Mas a pesquisadora Vivian Cheung, da Universidade da Pensilvânia, mostrou que, com muita frequência, a leitura do RNA pode não corresponder à do DNA. Fazendo uma analogia, seria como se uma sequência de letras do DNA que deveria ser lida pelo RNA como CASA, fosse lida como CAMA. Se for confirmado esse estudo, o resultado pode mudar a nossa compreensão acerca das mutações que causam doenças e explicar, pelo menos parcialmente, por que pessoas com a mesma mutação podem ter quadros clínicos totalmente diferentes, ou explicar por que uma mesma mutação afeta um tecido e não o outro em uma mesma pessoa. Abre-se um novo leque gigantesco de perguntas e perspectivas para novas estratégias terapêuticas.

Tenho um pôster de um macaco coçando a cabeça e dizendo: "Quando aprendi todas as respostas, eles mudaram todas as perguntas". Sem dúvida, estudar o genoma humano, o nosso genoma, é fascinante e, para quem é apaixonada pelo assunto como eu, a perspectiva é de muito assunto para pesquisas por décadas. Não podemos nos queixar de monotonia.

Capítulo 8

Loira ou morena, alta ou baixa, atleta ou cientista: os genes fúteis

TESTES PRÉ-NATAIS E pré-implantação, escolha de sexo, pesquisa com embriões e outras práticas têm ou podem ter aplicações eticamente aceitáveis e desfechos muitas vezes comoventes. Mas onde estão os limites? Desde que o biólogo molecular Lee M. Silver lançou em 1997 o sugestivo *De volta ao Éden* (no original *Remaking Eden: how cloning and beyond will change the human family*), já se fala na reprogenética e no *design* de crianças. Em tese, significa que os pais vão poder decidir no futuro se querem que seus filhos nasçam mais resistentes a infecções, mais bonitos ou mais inteligentes. Não se trata de modificar genes dos descendentes para que eles não tenham doenças fatais, ou mesmo que afetem irremediavelmente a sua qualidade de vida, mas de selecionar, entre vários embriões, um ou outro com as características desejáveis, um passo adiante daquela questão levantada pela escolha dos gêmeos no capítulo 4.

Quem primeiro levantou a possibilidade da seleção foi justamente o polêmico pai dessa ciência, James Watson, que com Francis Crick revolucionou a genética com a descoberta da dupla hélice de DNA em 1953. Em palestra proferida na Universidade da Califórnia, em 1998, ele chegou a afirmar que "se nós pudermos melhorar os seres humanos por meio da modificação de seus genes, por que não fazer isso?". Em contraponto, Jeremy Rifkin, autor do livro *O século da biotecnologia*, chama esse tipo de "melhoria" de eugenia comercial, motivada pelo desejo do consumidor de ter crianças melhores e mais perfeitas. Para ele, essa nova eugenia se relaciona com a ideia de aprimoramento de certas características, em contraposição à "velha eugenia", que visava à eliminação de características indesejáveis. Mas as duas têm em comum um suposto aprimoramento da espécie humana.

Não há dúvida de que essas pesquisas vão exigir cada vez mais reflexão. Atualmente, o máximo que os avanços do genoma humano e a aplicação do diagnóstico pré-implantação (DPI) permitem é a seleção de portadores de genes associados a determinadas doenças e a algumas características como altura, cor dos olhos, do cabelo, ou que poderiam conferir vantagem em alguma modalidade esportiva. E, mesmo nesses casos, a genética estabelece limitações. Não é possível esquecer que a seleção de embriões com traços desejáveis, como cor do cabelo ou dos olhos, por exemplo, deve estar presente no genoma de um ou nos dois pais.

Outra coisa importante a ser considerada é que a fertilização *in vitro* resulta em apenas um punhado de embriões fertilizados dos quais é possível retirar uma ou duas células para o teste genético. A probabilidade de um embrião herdar a combinação correta de variantes genéticas para ter os traços desejados pode ser pequena demais para valer a tentativa. Como já expliquei, o DPI é um procedimento difícil, que requer fertilização *in vitro*. Além disso, esse embrião selecionado pode ter uma das características supostamente vantajosa e não a outra. Sem contar que apenas uma fração dos embriões transplantados é viável.

Dito isso, fica mais fácil entender por que essa tecnologia só deve ser considerada em questões realmente sérias, como o risco para o desenvolvimento de doenças limitantes ou letais. Por exemplo, uma condição que não permita uma vida independente. Como já vimos, casais ou famílias que já tiveram filhos ou parentes afetados por uma doença genética podem saber se correm o risco de vir a ter parentes com o mesmo problema e planejar sua prole de acordo com essa informação, evitando o futuro sofrimento para a criança e todos que a amam. Mas o conhecimento e a tecnologia avançam rapidamente, e por isso é tão necessário um debate ético a respeito.

O que dizer da identificação precoce de genes que aumentam a nossa predisposição para doenças, como certos tipos de câncer, hipertensão ou males cardíacos? Testes para avaliar a predisposição para o câncer de mama hereditário em embriões de sexo feminino já são realizados em países como Austrália, Bélgica, Estados Unidos e aqui mesmo no Brasil. Em princípio, são válidos para os casos em que já se detectou uma mutação no gene BRCA1 ou BRCA2. Esses genes são responsáveis por 5% a 10% das ocorrências de câncer de mama e de ovário no mundo, isto é, 90% a 95% dos casos de câncer de mama não estão associados a mutações nesses dois genes. Mulheres portadoras têm sete vezes mais probabilidade de desenvolver a doença do que aquelas sem essa mutação. Por isso, muitas pessoas querem se testar para saber se essas variantes estão presentes em suas famílias. É importante reforçar que só vale a pena ser testado quem tem várias manifestações de câncer de mama na família, principalmente os de início precoce. Isso porque qualquer mulher tem um risco de 10% a 12% de vir a desenvolver um câncer de mama, independentemente da presença de mutações nos genes BRCA1 ou BRCA2.

Queria relatar o caso de Betsy, que, segundo os jornais, é uma menininha inglesa nascida de uma família com câncer hereditário. Tanto a avó como a mãe, a irmã e a prima de seu pai tiveram tumor de mama por volta dos vinte anos e eram portadoras do gene BRCA1 mutante. A mãe temia tanto a doença na sua descendência que decidiu pela fertilização *in vitro* e diagnóstico pré-implantação (DPI). "Considerei o quanto isso era importante e que, se minha filha tivesse o gene e desenvolvesse o tumor, eu não poderia encará-la e dizer que não tinha feito todo o possível para evitá-lo", disse a mãe aos jornais. Betsy então foi selecionada e nasceu porque não tinha a mutação nesse gene. Isso não quer dizer que ela esteja imune à doença e não venha a ter câncer um dia. Apenas que a sua probabilidade é a mesma da de outras mulheres sem a variante do gene.

A história dessa menina trouxe à tona a discussão sobre os limites do DPI porque foi o primeiro caso conhecido de seleção de embrião livre de um gene que aumenta a probabilidade de ter uma doença potencialmente curável. O BRCA1 não significa uma sentença de morte, mas ainda assim é tão grave que muitas mulheres preferem fazer mastectomia preventiva a correr o risco de ter o tumor. É compreensível o medo do câncer e a decisão dos pais de Betsy de tentar evitar esse sofrimento à filha. O problema é que, uma vez ultrapassado o limite de descartar embriões com genes que causam doenças letais ou altamente incapacitantes, para aqueles associados ao risco de uma doença futura, fica difícil estabelecer onde parar. Se um dos pais é diabético, por exemplo, será que ele não faria tudo para que seu filho não tivesse que se submeter às mesmas restrições alimentares e sofrer as consequências que enfrentou durante toda sua vida? Você condenaria a sua atitude?

Mas podemos ir um pouco mais adiante. E aquele pai obeso ou com calvície prematura? Hoje em dia, já existem testes personalizados que oferecem a pessoas adultas, até mesmo pela internet, uma previsão de risco para o desenvolvimento de doenças ou características associadas a variantes genéticas conhecidas. Cerca de vinte companhias operam nesse mercado altamente lucrativo. Nos Estados Unidos, já estão propondo vender *kits* até em farmácias.

Você acharia válido selecionar o feto para que ele não tivesse tais incômodos que poderiam eventualmente fazer com que não fosse bem aceito pela sociedade? A questão é: qual a utilidade de saber se a pessoa tem predisposição à calvície, à obesidade, à síndrome de pernas inquietas, à cera úmida ou seca no ouvido ou a outras características absolutamente fúteis que essas empresas abordam?

Recentemente, tomei conhecimento de que algumas clínicas de fertilidade no Reino Unido estariam planejando vender para casais que querem ter filhos *kits* capazes de testar os riscos para cerca de seiscentas doenças, muitas delas fatais nos primeiros anos de vida, outras não. As clínicas anunciam que todos deveriam fazer o teste, mesmo que não tivessem um histórico familiar de doenças. Faz sentido, porque, no caso de doenças recessivas, geralmente só se descobre que os dois cônjuges são portadores de mutação para uma mesma doença depois do nascimento do primeiro filho afetado. Se isso pode ser prevenido, por que não? Os idealizadores desses exames pré-concepção defendem que os casais "em risco" devem ser encaminhados para serviços de aconselhamento genético a fim de discutir quais as possíveis opções: doação de óvulo ou espermatozoide, diagnóstico pré-implantação, interrupção de gestação ou mesmo adoção. E, com isso, previnem o sofrimento associado ao nascimento de filhos com doenças genéticas — lembrando que o risco de um casal normal ter um descendente afetado por uma doença genética é de 2% a 3%.

Na realidade, testes pré-nupciais já são realizados no caso de judeus ortodoxos, mas só para algumas doenças, como fibrose cística, doença de Gaucher ou Tay-Sachs. Como os casamentos são arranjados, se for descoberto que uma pessoa é portadora de mutação em determina-

Existem várias características genéticas que estão associadas a um melhor desempenho em determinadas modalidades esportivas, como a capacidade de captar oxigênio pelos pulmões, a composição das fibras musculares ou a nossa proporção corporal. Por exemplo, em algumas modalidades esportivas, os jogadores já são pré-selecionados de acordo com traços genéticos, como a altura para jogadores de basquete. Isso levanta várias questões. Como lidar com as diferenças biológicas dos atletas? Será possível no futuro manipular os genes para melhorar o desempenho nos esportes? O que é ético ou não?

Um dos casos mais conhecidos é o do ciclista Lance Armstrong, famoso por ter vencido o Tour de France sete vezes consecutivas, logo após se restabelecer de um câncer. Armstrong foi acusado de ter se valido de *doping* para o seu extraordinário desempenho. Os fisiologistas o consideram um "monstro genético" por possuir características como força, fôlego e resistência muito superiores às dos outros atletas. Sem contar, é claro, a sua técnica, persistência e preparo físico, Lance possui vantagens biológicas em relação aos seus concorrentes. Essas características foram herdadas naturalmente, mas, se tivessem sido resultado da seleção genética de embriões, ele seria menos atleta?

Caso semelhante foi constatado com o atleta finlandês Eero Mäntyranta, que obteve várias medalhas de ouro na década de 1960 em competições de esqui. Ele foi acusado de *doping* biológico porque, na época, os exames de sangue indicavam que Eero apresentava 15% mais hemoglobina do que o normal. A transfusão de sangue para melhorar o desempenho (aumentar o transporte de oxigênio e a energia) era uma prática considerada ilegal. Hoje, ela foi substituída por injeções de eritropoetina (EPO), a versão sintética de um hormônio secretado pelos rins, que estimula a medula óssea a aumentar a produção de glóbulos vermelhos (hemoglobina).

Como o oxigênio é transportado no sangue pela hemoglobina, um aumento do EPO resulta em maior disponibilidade de oxigênio — portanto maior produção de energia para os músculos — e, consequentemente, um melhor desempenho para esportes que exigem grande consumo energético. Na realidade, os atletas que se injetam EPO estão se expondo ao perigo porque as consequências podem ser letais.

Mas a evolução do conhecimento sobre o tema trouxe a explicação para a extraordinária perfomance de Eero. Ele e vários de seus familiares possuíam uma mutação genética rara no gene que produz o hormônio EPO. Os portadores dessa mutação podem produzir até 25% mais glóbulos vermelhos que a média normal da população. Portanto, o atleta tinha nascido com um *doping* natural que lhe dava uma vantagem competitiva extraordinária. A questão é se podemos considerar justo o desempenho de quem já tem vantagens genéticas como essa.

Por que não? Não fazemos isso todo o tempo? Não selecionamos os melhores entre os mais altos, os mais rápidos, os de maior fôlego? E se, no futuro, pudermos atuar nos genes associados a um melhor desempenho esportivo? Se o desempenho dos atletas é resultado de sua herança genética e do ambiente, seria desonesto ajudar os geneticamente menos favorecidos para que possam disputar em situação de igualdade? É o que muitos defensores da seleção genética argumentam. Por outro lado, quando você seleciona uma criança com essas características, não está limitando a sua opção de escolha de não querer praticar esporte, por exemplo, e determinando o que você gostaria que ela fizesse?

Agora, vejam outra situação: o sequenciamento do genoma humano já permitiu aos cientistas identificarem uma série de genes que — a depender do ambiente — predispõem a doenças psiquiátricas ou distúrbios do comportamento. Embora raras, existem mutações responsáveis por formas hereditárias da doença de Alzheimer ou alterações que aumentam a probabilidade de uma pessoa ter doenças do humor, como depressão e transtorno bipolar. Em um estudo muito interessante realizado na Noruega, verificou-se que, entre os alcoólatras, aqueles que se tornam agressivos sob o efeito do álcool também diferem dos não agressivos em relação a uma variante genética. E, se uma pessoa se tornar agressiva quando alcoolizada por causa de sua constituição genética, ela pode ser isenta de culpa?

Trabalhos em modelos animais têm demonstrado que poderiam existir genes que levam ao alcoolismo ou à dependência de drogas. Outros sugerem que a homossexualidade, o bom humor e o otimismo também teriam influências genéticas. Enquanto os marcadores genéticos responsáveis pelo comportamento humano continuam sendo pesquisados, a questão central é se podemos manipulá-los. Ou no futuro selecionar embriões com essas características. E novamente ficam as perguntas: Quais são as características desejáveis de comportamento? Quem decide? Elas poderiam ser selecionadas em embriões?

E o que dizer daqueles que recorrem ao DPI porque querem selecionar embriões que sejam semelhantes a eles, como no caso da surdez, que já mencionamos? Nos Estados Unidos, embora a questão seja controvertida, algumas clínicas oferecem essa opção. O argumento dos pais é que a surdez não é um defeito, mas uma cultura linguística a ser preservada. Defendem que seus filhos têm o direito ao silêncio. Por um lado, é muito reconfortante saber que pessoas sem audição estão tão bem adaptadas que não achem que passar essa característica a seus filhos possa prejudicá-los. Outra coisa é usar o DPI para ter certeza que não irão gerar descendentes com audição normal.

O direito ao silêncio? Concordo que todos nós gostaríamos de ser surdos às vezes. Mas isso tem que acontecer por opção nossa, e não por uma imposição irreversível. Não há dúvidas de que, por mais bem adaptada que seja, uma pessoa que não ouve tem mais dificuldades em várias situações, como falar ao telefone, prevenir alguns perigos, aprender outra língua ou viver em outro país. Além disso, é justo privar uma pessoa das emoções da música, de ouvir o ruído do mar, o choro do bebê? É justo que os pais determinem que a comunicação dos seus filhos com o núcleo familiar seja mais importante que a sua comunicação com o mundo?

Será que esquecemos que nossos filhos não são nossos? Sobre isso, gostaria de relembrar as palavras do célebre pensador libanês Khalil Gibran: "Seus filhos não são seus filhos. São os filhos e filhas da vida desejando a si mesma. Eles vêm através de vocês, mas não de vocês. E, embora estejam com vocês, não lhes pertencem. Vocês podem lhes dar amor, mas não seus pensamentos, pois eles têm seus próprios pensamentos. Vocês podem lutar para ser como eles, mas não procurem torná-los iguais a vocês. Vocês são o arco de onde seus filhos são lançados como flechas vivas".

Capítulo 9

PESQUISAS COM CÉLULAS-TRONCO E UM ALERTA SOBRE O MERCADO PARALELO

DESDE QUE A LEI DE Biossegurança, nº 11.105, de 24 de março de 2005, foi aprovada e regulamentada, permitindo pesquisas com células-tronco obtidas de embriões congelados produzidos por fertilização *in vitro*, recebo inúmeros e-mails de pessoas se oferecendo para serem cobaias. São pessoas desesperadas, portadoras de doenças incuráveis. Posso compreender perfeitamente a angústia e a pressa por um tratamento. Costumo explicar que cientistas, como eu, que estudam essas células, estão extremamente otimistas de que elas, algum dia, vão permitir o tratamento de um número enorme de doenças e condições humanas hoje incuráveis. Posso garantir também que o conhecimento está avançando. Todas as semanas são anunciadas novas descobertas sobre o seu funcionamento, o que nos aproxima cada vez mais das aplicações clínicas. Mas não podemos pular etapas. As pesquisas com células-tronco, embora promissoras, ainda estão em fase inicial. O primeiro passo é aprender como essas células se diferenciam em tecidos.

Nossa equipe no Centro de Estudos do Genoma Humano vem trabalhando com células-tronco adultas (de cordão umbilical, tecido adiposo e polpa dentária, entre outras) há alguns anos. Já aprendemos como diferenciar no laboratório células que darão origem a músculo, osso, cartilagem e gordura. Estamos injetando essas células em modelos animais (testes pré-clínicos) para ver se elas formam no corpo do animal as mesmas células. Estamos comparando o comportamento das células obtidas de diferentes fontes, como injetá-las, em que quantidade, como garantir que cheguem ao órgão-alvo. Enfim, as questões são muitas, e há novidades todos os dias em vários e respeitados centros de pesquisa do mundo.

Recordando, há diversos tipos de células-tronco presentes em diferentes partes do nosso corpo. Isso inclui as células-tronco embrionárias, que têm o potencial de formar todos os tecidos do corpo humano e só podem ser obtidas de embriões congelados com menos de uma semana após a fertilização do óvulo pelo espermatozoide e, mais recentemente, por técnicas de reprogramação celular (células iPS ou *induced pluripotent stem-cells*, como explicarei mais adiante). Outras são as células-tronco adultas ou tecido-específicas, que se originam durante o desenvolvimento fetal e permanecem no nosso corpo durante toda a vida. Essas têm o potencial de formar tecidos iguais àqueles de onde foram extraídas, mas ainda não se sabe bem qual é a sua vocação para formar outros tipos celulares. Por exemplo, as células-tronco hematopoéticas, retiradas da medula óssea, regeneram sangue e por isso são usadas em casos de leucemia e anemias.

A polêmica em torno das células-tronco embrionárias tomou conta do país quando o Congresso Nacional discutia a aprovação da Lei de Biossegurança, que estabelece normas de segurança e mecanismos de fiscalização em todas as atividades relacionadas a organismos geneticamente modificados e permite as pesquisas com essas células obtidas de embriões humanos supranumerários. A dura batalha no Congresso não se referia ao progresso nesses estudos, mas à definição de quando a vida começa e, portanto, se não seria um crime utilizá-las em laboratório, mesmo que fosse para pesquisas com o objetivo de salvar outras pessoas. Como não existe um consenso sobre esse assunto, valeu a argumentação de que, se a vida termina quando cessa a atividade cerebral, e já que não existe nenhuma atividade neuronal antes de catorze dias, ela também teria início a partir desse dia.

Além disso, esses embriões congelados, que sobram nas clínicas de fertilização, nunca seriam implantados em útero por determinação de seus genitores. Eles seriam descartados de qualquer maneira e, portanto, se justificaria que fossem utilizados para pesquisas objetivando o tratamento de doenças incuráveis e deficiências físicas. Entretanto, logo após a aprovação da lei, o então procurador-geral da República, Claudio Fonteles, declarou que a lei era inconstitucional e a questão foi parar no Supremo Tribunal Federal. Após muitos debates de cientistas a favor ou contra, em maio de 2008 o Supremo Tribunal Federal aprovou, sem restrições, os avanços com células--tronco embrionárias no país ao julgar a Ação Direta de Inconstitucionalidade (Adin) contrária às pesquisas. As restrições religiosas continuam a ser respeitadas por quem as tem, mas as pesquisas podem seguir em frente desde que sejam feitas com autorização dos genitores e submetidos os projetos à apreciação e aprovação dos comitês de ética em pesquisa.

Há muito o que fazer ainda e um longo caminho a ser percorrido. Na atual fase, não sabemos como controlar as células-tronco embrionárias para fazer exclusivamente o que queremos, isto é, diferenciar-se apenas em um tecido específico para que cresçam somente o necessário, além de descobrir o melhor método para transplantá-las. Muitas vezes, como uma criança malcriada, elas se comportam de modo independente, sem nos obedecer. Assim, imagine que a nossa intenção é utilizá-las para formar células nervosas, fundamentais para tratar inúmeras doenças, como o mal de Parkinson, doenças neuromusculares ou neurológicas ou pessoas que se tornaram paraplégicas ou tetraplégicas por acidente. Só que, ao injetar as células na medula de uma pessoa, perdemos o controle e elas "decidem" que, em vez de neurônio, vão formar osso. Imagine o desastre. Outras questões estão sendo investigadas. Ainda não temos certeza, por exemplo, de que as células-tronco vão chegar ou permanecer no órgão-alvo. E não sabemos qual é o risco de formação de tumores, ou seja, a sua replicação indefinidamente.

Tudo isso leva tempo. Novas ideias precisam ser testadas como estamos fazendo: primeiro no laboratório, em culturas de células, e depois em modelo animal. Às vezes, o que parece promissor no laboratório não funciona em modelo animal. E, às vezes, o que funciona em animais não funciona em humanos. Se um novo tratamento não for planejado com cuidado, é provável que não tenha o efeito desejado. E o mais preocupante: ele pode até piorar a doença ou causar efeitos colaterais perigosos. Só depois de aprendermos tudo isso e tivermos segurança de que não estamos colocando em risco a vida de pessoas é que será possível oferecer tratamento.

Explicado isso, há duas questões éticas que eu gostaria de ver em discussão. A primeira diz respeito ao rigor com que os comitês de ética tratam as questões de pesquisa médica. Em pesquisas clínicas realizadas com responsabilidade, é necessário primeiro que se tenham dados pré-clínicos, em modelos animais, confirmando que o tratamento é seguro e potencialmente eficiente. O estudo precisa ser desenhado de modo a responder às questões específicas e sempre comparado com um grupo controle não submetido ao tratamento. O financiamento é feito por companhias que estão desenvolvendo o tratamento (por exemplo, novos medicamentos) ou agências de pesquisas. Antes de ser iniciado, o protocolo precisa ser revisto por um comitê independente para a proteção dos direitos dos pacientes. Em muitos países, existe uma agência regulatória nacional como a European Medicines Agency (EMA) na Comunidade Europeia, e o Food and Drug Administration (FDA) nos Estados Unidos. No Brasil, as pesquisas são reguladas pela Agência Nacional de Vigilância Sanitária (Anvisa), além dos comitês locais do Conselho Nacional de Ética em Pesquisas (Conep).

Concordo que é preciso total e completa segurança antes de tratar pessoas que se tornaram paraplégicas ou tetraplégicas devido a acidentes, ou crianças acometidas por paralisia cerebral. Essas crianças possuem deficiências que fazem com que tenham a vida dificultada, dependendo de suas limitações e daquelas impostas pela sociedade, mas não correm risco de morrer. Podem esperar até que as pesquisas se tornem mais seguras. Mas o que dizer de casos de doenças rapidamente progressivas e letais, como a esclerose lateral amiotrófica (ELA), que afeta as células nervosas responsáveis pelo controle dos músculos? Um ano de espera e pode ser tarde demais.

Nesses casos, defendo que poderíamos ousar mais. Não estou falando, é claro, que devemos fazer alguma loucura. Falo em testar drogas que estão sendo descobertas o tempo todo ou novas fontes de células-tronco. Nos Estados Unidos, as primeiras experiências terapêuticas em seres humanos estão começando. E o melhor é que diferentes pesquisas clínicas estão sendo testadas no que se refere à segurança do procedimento, de modo que sua eficiência poderá ser comparada.

Quando leio sobre isso, costumo me lembrar da história do primeiro transplante de coração humano. Em 3 de dezembro de 1967, o cirurgião sul-africano Christiaan Barnard tomou a decisão corajosa de tentar salvar a vida de um paciente por meio dessa técnica arriscada, considerando que não havia outra alternativa. Esse primeiro paciente só sobreviveu dezoito dias, mas muitos milhares de pessoas foram salvas desde então, e o procedimento tornou-se relativamente comum hoje. Não seria o caso de tomar a mesma atitude agora? É interessante observar as discussões entre cientistas e médicos. Enquanto os primeiros querem entender todos os mecanismos envolvidos para se sentirem seguros quanto aos procedimentos, os médicos estão vendo seus pacientes morrerem. Onde está o ponto de equilíbrio? Temos que dirigir de modo seguro, mas e quando estamos em uma ambulância com um paciente correndo risco de morrer se não chegar logo ao hospital?

Essa primeira discussão remete à segunda questão ética que também gostaria que fosse aprofundada. Será que não é a nossa excessiva cautela na aceitação de novos procedimentos que atrasa a sua definição e acaba se tornando a responsável pela ida de pacientes desesperados a clínicas não credenciadas, geralmente em países distantes, que oferecem tratamentos caríssimos e sem comprovação científica? Sem falar dos custos financeiros, que podem arruinar os pacientes e suas famílias, a probabilidade de haver algum benefício é muito baixa, e existem riscos de complicações imediatas ou a longo prazo que podem ser perigosas. Além disso, a prática não traz nenhum retorno para a ciência. Tais procedimentos envoltos em mistério não têm protocolo de pesquisa, não sabemos o que é utilizado, não há acompanhamento dos pacientes e nem comparação dos resultados. Mas os sites que os oferecem mostram vídeos ou depoimentos de pessoas que declaram ter melhorado após o tratamento. Desconfie de clínicas que fazem propaganda dos seus resultados utilizando depoimentos de pacientes. São pessoas que ganham para fazer isso ou realmente acreditam ter se beneficiado?

Elas podem até não estar sendo movidas por má-fé. Muitas pessoas talvez se sintam aparentemente melhor depois de um tratamento que julgam ser capaz de salvá-las. Por exemplo, podem se confundir quando seguem ao mesmo tempo outros tratamentos convencionais que são realizados com mais rigor juntamente com a aplicação das células-tronco, como fisioterapia, hidroterapia, estimulação. Há também a flutuação natural da doença — existem dias em que nos sentimos melhor e em outros, pior. Talvez o mais importante seja o desejo intenso ou a crença de que vão melhorar. É o efeito placebo, que pode ter resultados positivos, independentemente do tratamento. Por isso, uma terapia só é considerada benéfica em experiências com controles não tratados. Isto é, um grupo recebe injeções com células-tronco, o outro não. Nem o paciente e nem quem avalia os resultados sabe quem está recebendo este ou aquele tratamento. Esses ensaios são chamados de duplo-cegos.

Mas voltando aos supostos tratamentos experimentais: células-tronco de embriões, de fetos abortados, de cordão umbilical, gordura, sangue, medula óssea, o que é utilizado? Ninguém sabe. Tomei conhecimento de vários casos de pessoas desesperadas que resolveram fazer um suposto tratamento com células-tronco oferecido na China a um alto custo — de 20 mil a 50 mil dólares. Quando me perguntam a respeito, respondo que se trata, literalmente, de um "negócio da China". Para esses chineses é claro, que enriquecem a olhos vistos, não para os pacientes. Milhares de pacientes já foram para lá desembolsando muito dinheiro para o tratamento, sem falar dos custos da viagem e hospedagem. O tratamento para lesões da medula, no Xishan Hospital, em Pequim, coordenado pelo médico que todos chamam dr. Huang, supostamente se vale de células do trato olfativo de fetos abortados, mas isso nunca foi mostrado em congressos científicos. O médico também afirma que seus pacientes melhoram, em geral, três dias após o procedimento, o que é completamente contrário ao que costuma ocorrer nos animais em experimentos de laboratório e vai contra o senso comum (demora algum tempo para as células chegarem a seu destino, se dividirem e repovoarem a área lesada).

O dr. Huang não relata o que acontece com seus pacientes a longo prazo. Os pacientes recebem alta logo depois das injeções e não são acompanhados por essa equipe chinesa. O que acontece depois de um ou dois anos? Nesse sentido, é extremamente importante ler o artigo científico de três especialistas americanos (Bruce Dobkin, Armin Curt e James Guest) que conseguiram avaliar sete pacientes com lesão de medula, submetidos ao tratamento chinês. O trabalho foi publicado na revista *Neurorehabilitation and Neural Repair*. É assustador. Três deles tiveram meningite e dois tiveram febre que precisou ser tratada com antibiótico. E o pior de tudo: nenhum deles apresentou melhora funcional.

Lembro de outro caso noticiado nos jornais sobre um jovem israelense de dezessete anos, vítima de uma forma rara de ataxia, que desenvolveu tumores após transplante de células-tronco. Não se tratava de uma pesquisa terapêutica, feita por cientistas respeitados, que não deu certo. Muito pelo contrário. A equipe médica israelense que acompanhava o jovem desaconselhou o procedimento. As injeções foram feitas em uma clínica em Moscou sem qualquer credenciamento. Apesar dos alertas, desesperada com a gravidade da doença, a família insistiu e foi adiante. Aparentemente, o rapaz recebeu células-tronco neurais obtidas de fetos. Não se sabe qual a origem das amostras e como as células foram isoladas. Nesses casos, há risco de contaminação em cultura por bactérias ou vírus patogênicos, entre outros problemas. O próprio processo de retirada e injeção de células-tronco também envolve riscos. A análise dos tumores mostrou que havia células de pelo menos dois doadores, um deles do sexo feminino. O que não quer dizer que foram só dois. Podem ter sido mais. Ou seja, ele recebeu um coquetel de injeções com células não caracterizadas. O que torna impossível qualquer conclusão científica até para aprender com os erros do tratamento.

As células-tronco adultas e embrionárias estão sendo pesquisadas com três finalidades. A primeira seria para substituir tecidos danificados; a segunda finalidade seria fazer com que sirvam como veículos para transportar um gene modificado até o local em que ele serviria para o tratamento de uma lesão; e a terceira seria criar linhagens dessas células desenvolvidas a partir de pacientes com doenças de origem genética para acompanhar o comportamento dos genes em diferentes linhagens celulares, testar drogas e estratégias de cura. Mas o que dizer de pessoas que aproveitam a repercussão que essas células têm no meio científico para oferecer tratamentos sem qualquer base até mesmo no bom-senso?

Já existem xampus que alardeiam possuir DNA. Comentei em meu blog na revista *Veja* de forma jocosa que, como o nosso DNA está em toda parte, basta cuspir dentro do xampu e teremos um produto com DNA personalizado – o nosso. Por que não xampu com células-tronco? Algumas companhias de cosméticos afirmam que seus produtos contêm células-tronco para estimular o crescimento das células da pele. Gostaria que me explicassem como isso é possível. Em primeiro lugar, como qualquer célula, para se multiplicar e proliferar, as células-tronco precisam estar vivas. Para mantê-las vivas, é preciso que sejam armazenadas a temperaturas muito baixas (170 graus negativos) em tanques de nitrogênio líquido. Uma vez descongeladas, requerem condições especiais para crescer: nutrientes específicos, temperatura controlada etc. É claro que nenhuma dessas condições pode ser encontrada no cosmético vendido no supermercado ou na farmácia.

Há pessoas também que oferecem rejuvenescimento da pele com células-tronco. Na verdade, trata-se de uma variação do já conhecido enxerto de gordura, praticado há mais de vinte anos, sem resultados consistentes, uma vez que esse tecido adiposo é reabsorvido. Mas alguns profissionais já anunciam esse tipo de tratamento baseado nas notícias de avanços obtidos com as células-tronco retiradas da gordura resultante de lipoaspiração. Essas células, ainda em estudo, estão sendo utilizadas em pesquisa para avaliar a sua capacidade de se diferenciar em células ósseas, de cartilagens e musculares.

O mecanismo que dispara e controla essa diferenciação, como já foi dito, ainda é objeto de pesquisas. Sendo assim, é fundamental alertar profissionais e pacientes sobre os riscos. Em vez de melhorar a aparência, os resultados podem ser tão desastrosos como aqueles relatados em clínicas não credenciadas de outros países. E o pior de tudo é que, uma vez injetadas, não há mais o que fazer. Células-tronco como panaceia da humanidade acabam criando um mercado que necessita ser fiscalizado. E a população precisa ser alertada constantemente porque nesses casos a propaganda é a alma do negócio e ainda não se consegue evitá-la. Infelizmente, repito. Enquanto as questões éticas são pensadas e discutidas depois de anunciadas as novas descobertas, o comércio anda sempre na frente.

Ironicamente, apesar do meu envolvimento pessoal na aprovação das pesquisas com células-tronco embrionárias, no Centro de Estudos do Genoma Humano temos nos dedicado a um subgrupo especial de células-tronco adultas, as células-tronco mesenquimais. Se estou pesquisando as adultas, por que a briga pelas embrionárias, me perguntam alguns? Porque elas são as únicas com o potencial de formar todos os 216 tipos celulares do corpo. Além disso, a luta para a aprovação da Lei de Biossegurança envolvia outro ideal: a liberdade para fazer pesquisas sem restrições, sem imposições religiosas, as mesmas que são realizadas nos países mais desenvolvidos. Para os pacientes acometidos por doenças graves que não têm meios econômicos para viajar para o exterior, saber que podemos fazer aqui as mesmas pesquisas que são realizadas no Primeiro Mundo é pelo menos um conforto, apesar de todo o sofrimento de ter que lidar com doenças ainda incuráveis.

Mas, voltando às células-tronco mesenquimais, elas são encontradas em vários tecidos: cordão umbilical, polpa dentária de dente de leite, tecido adiposo, trompas de Falópio (que são retiradas em cirurgias de histerectomia ou laqueadura) e até sangue menstrual. Brinco sempre que estamos reciclando e aproveitando todos os descartes biológicos.

Por que o interesse nas células-tronco mesenquimais? É fácil de entender. Elas têm o potencial de formar tecidos muito importantes, tais como tecido muscular, ósseo, cartilagem e gordura. Quem é que na vida pode garantir que não precisará regenerar algum desses tecidos? Estima-se que uma em cada cinco pessoas que chegam aos 65 anos — uma população crescente com o aumento de expectativa de vida — irá necessitar de algum tipo de terapia celular.

No Centro de Estudos do Genoma Humano estamos empenhados em descobrir qual é a capacidade dessas células em regenerar tecido ósseo (uma pesquisa chefiada pela dra. Maria Rita Passos-Bueno) e tecido muscular, pois portadores de muitas das doenças que atendemos poderão no futuro se beneficiar dessa terapia celular. Na verdade, descobrir um tratamento para as doenças neuromusculares tem sido meu projeto de vida. O que queremos saber? Qual é a melhor célula para regenerar tecido muscular? Como obter células em quantidade suficiente? Como garantir que, uma vez injetadas, essas células cheguem aos músculos, por exemplo, e não se percam no caminho? Como controlá-las, para que se diferenciem somente no tecido que queremos, e não em outro? Qual é o melhor método para transferir as células: injeções locais, diretamente nos músculos; ou sistêmicas, através da circulação? Quanto tempo as células injetadas permanecem no músculo? De quanto em quanto tempo será necessário repetir o procedimento?

Para responder a essas perguntas estamos injetando células-tronco humanas obtidas de diferentes fontes (tecido adiposo, cordão umbilical, polpa dentária) em modelos animais que apresentam doenças neuromusculares. São esses animais que nos darão as respostas a essas perguntas. E a boa notícia é que estamos aprendendo muito com eles. As nossas pesquisas sugerem que as células retiradas de tecido humano seriam as melhores para regenerar (ou diminuir a degeneração dos músculos) em pacientes afetados. Mostram também que injeções sistêmicas, não locais, são mais indicadas; e que as células injetadas permanecem no músculo dos animais receptores por cerca de seis meses. E o melhor: as células-tronco mesenquimais não são rejeitadas, mesmo sem o uso de imunossupressores. Acredito que não estamos longe de iniciar ensaios terapêuticos em pacientes. Mas repito: ensaios clínicos são pesquisas, não ainda tratamento.

Capítulo 10

BANCOS DE CORDÃO UMBILICAL PARA TODOS OU SÓ PARA VOCÊ?

NÃO FAZ MUITO TEMPO, uma menina de nove anos da cidade paulista de Jaú inaugurou o BrasilCord, a rede de bancos públicos de células-tronco de sangue de cordão umbilical, gerido pelo Instituto Nacional de Câncer (Inca). Diagnosticada aos três anos com leucemia linfoide aguda, doença caracterizada pela produção maligna de linfócitos na medula óssea, Vanessa vivia internada. "Não conseguia comer, ficava cansada logo", recordou-se em entrevista aos jornais. Tudo mudou após o transplante de células-tronco de uma doadora anônima armazenadas no banco. "Hoje minha vida é normal, como a de qualquer garota. Vou à escola, faço natação e jazz", disse na mesma entrevista. Esse "milagre" pode ser creditado ao excelente sistema, inaugurado em 2001, para aumentar a probabilidade de localização de doadores para os pacientes que necessitam de transplante de células-tronco para curar doenças da medula óssea.

Já é um consenso que as células-tronco de sangue de cordão são uma esperança de cura para várias doenças hematológicas, como leucemia, linfomas, talassemia e anemias hereditárias, além de deficiências do sistema imunológico. Assim, qualquer pessoa que tiver uma doença como a de Vanessa pode dispor desse recurso, desde que tenha o sangue compatível com o do doador. A prática consiste em repor as células doentes do sangue por outras obtidas de um doador saudável. Até alguns anos atrás, isso só era possível quando essas células eram retiradas da medula óssea de um adulto. Hoje se sabe que o mesmo pode ser feito com as células contidas no sangue do cordão umbilical, que também é rico nesse material. Com o benefício extra que as células do cordão umbilical podem ser recuperadas com mais facilidade, não envolvem nenhum procedimento invasivo para que sejam obtidas e, por serem jovens, possuem maior plasticidade.

No caso das células da medula óssea, o doador, que deve ter entre 18 e 55 anos e dispor de boa saúde, preenche um formulário e se submete à análise de uma amostra de sangue. A análise serve para determinar as características genéticas necessárias a fim de garantir que haja compatibilidade. O sangue doado precisa ter a máxima afinidade possível com o do receptor, para que não haja rejeição. Esses dados são armazenados em um sistema informatizado que faz o cruzamento com os dados dos pacientes que precisam de transplante. Não é necessário mais nada: os doadores em potencial são cadastrados, mas só são recrutados quando surge um paciente compatível. A vantagem é que não há necessidade de se ter toda a infraestrutura laboratorial para armazenar o material. A desvantagem é que o doador pode não ser localizado ou não estar disponível no momento em que um transplante é necessário, ou até mesmo mudar de ideia e desistir de doar a medula — um procedimento que, embora simples, exige internação hospitalar.

No caso dos bancos públicos de cordão umbilical, o procedimento é mais ou menos o mesmo no que se refere ao questionário para avaliar a compatibilidade entre doador e receptor. A doação é voluntária e confidencial. A diferença é que as amostras do cordão são coletadas e armazenadas de fato — como nos bancos de sangue. Após o nascimento do bebê, o cordão umbilical é pinçado e separado, quando é cortada a ligação com a placenta. O sangue que permanece no cordão é drenado para uma bolsa de coleta. A bolsa é encaminhada para o laboratório de processamento onde as células-tronco são separadas e preparadas para o congelamento. Depois de congeladas, essas células são guardadas por vários anos (existem notícias de células que ficam intactas durante vinte anos) no banco de sangue de cordão umbilical onde ficarão disponíveis para serem transplantadas. Se uma pessoa precisar de transplante, como foi o caso de Vanessa, é feita uma busca de doador compatível no sistema digitalizado do BrasilCord e no Registro Nacional de Doadores de Medula Óssea (Redome). Se não for encontrado material no banco de cordão ou se não houver doador de medula disponível, faz-se a busca nos registros internacionais de solidariedade.

Mas essa possibilidade é mais rara. A probabilidade de um brasileiro localizar um doador em território nacional é trinta vezes maior que a de encontrar o mesmo doador no exterior, segundo o Redome. Isso se explica pelas características genéticas comuns à população brasileira. Estima-se que, se tivermos cerca de 12 mil amostras em um banco público, a chance de se encontrar uma compatível com cada um de nós é maior do que 90%. Justamente por isso, a ampliação dos bancos públicos — tanto de medula como de cordão umbilical — precisa ser incentivada. O ideal seria estabelecer esses bancos em diferentes regiões do Brasil, a fim de aumentar as chances de incluir toda a nossa variabilidade étnica. No caso dos bancos de cordão umbilical, estão em funcionamento as unidades do Inca no Rio de Janeiro, do Hospital Albert Einstein, do Hospital Sírio-Libanês e dos hemocentros da Unicamp e de Ribeirão Preto, todos no estado de São Paulo. No restante do Brasil funcionam as unidades de Brasília, Florianópolis, Fortaleza e Belém. Esperamos que haja outras em futuro próximo, pois esse serviço é essencial para salvar vidas.

É importante que se diga que a doação do cordão não é feita por qualquer mãe e em qualquer lugar. Segundo as regras internacionais, a gestante deve ter entre 18 e 36 anos, ter feito no mínimo duas consultas de pré-natal e ser saudável (sem doenças hematológicas, como anemias hereditárias, por exemplo). A coleta é realizada em maternidades credenciadas do programa da rede BrasilCord. Existem alguns controles no momento da coleta do sangue do cordão, necessários para um bom aproveitamento do material. Portanto, não se trata de uma doação universal, como ocorre com sangue, e que pode ser feita em qualquer hospital ou por qualquer pessoa, sendo limitada aos centros que fazem parte do programa.

Dá para entender como é complexo e bem planejado o sistema que levou a histórias bem-sucedidas como a de Vanessa. O problema é que, apesar de tudo o que já se sabe sobre o benefício inestimável do transplante, o número de amostras coletadas e armazenadas ainda é muito pequeno. Não por falta de pessoas que queiram doar, mas sim porque existe um número insuficiente de bancos públicos com infraestrutura adequada. Recebo inúmeros e-mails de gestantes que querem doar o sangue do cordão de seu bebê para bancos públicos, sem sucesso. Em consequência, apenas um quarto dos pacientes que estão na fila de transplante consegue tratamento. Cerca de 9 mil pessoas morrem por ano esperando um doador, sendo 3 mil crianças. Esses dados se referem aos Estados Unidos. No Brasil, por enquanto, dispomos de muito menos amostras do que seria necessário.

Enquanto isso, as promessas futuras de terapias que envolvem o uso de células-tronco trouxeram como efeito indireto o surgimento de um negócio novo, aparentemente elogiado, mas que desperta enorme polêmica: os bancos privados de armazenamento de sangue do cordão umbilical. Nesses bancos, os pais pagam uma taxa (que não é pequena) pela coleta e outra anual pelo congelamento do sangue do cordão para um possível uso futuro de seus familiares.

Isso é vendido como uma garantia de saúde. Quando assinam contrato com essas empresas, os pais acreditam na promessa de que, no futuro, poderão dispor de um reservatório de células para curar doenças, traumas da medula espinhal e reconstruir órgãos danificados. É a mesma ideia que norteou uma história de uma novela da TV. No último capítulo, a protagonista, que ficou paraplégica depois de um acidente, declara que iria armazenar o sangue do cordão umbilical de seus filhos gêmeos assim que nascessem a fim de que, no futuro, pudessem contribuir para a sua recuperação. Parece louvável, mas não existe ainda nada que comprove essa possibilidade.

O sangue do cordão possui células-tronco que podem vir a ter várias utilidades no futuro, mas atualmente têm uma única aplicação — produzir material para substituir o transplante de medula óssea. Isso porque quase todas as células-tronco presentes nesse material são do tipo hematopoéticas. Ninguém é capaz de afirmar que, se o filho tiver um problema cardíaco daqui a trinta ou quarenta anos, poderá utilizar o sangue de seu próprio cordão para obter células-tronco e se salvar. Não agora.

É a mesma filosofia dos bancos de sangue. Ninguém congela seu próprio sangue pensando que pode, de repente, precisar de uma transfusão. Guardar o sangue do cordão do bebê em laboratórios particulares é praticamente inútil. A possibilidade de usar as próprias células em caso de doenças hematológicas, principalmente as leucemias ou os linfomas, que venham a ser diagnosticadas no futuro, é muito pequena. Primeiro, porque essas doenças são relativamente raras e muitas vezes são curadas com quimioterapia, sem necessidade de transplante. Os estudos comprovam que a probabilidade de uma pessoa ter uma doença que possa ser tratada com as próprias células durante seus primeiros vinte anos de vida é de 1 para 20 mil. Segundo, porque em caso de leucemia, por exemplo, não se recomenda que se use o sangue da própria pessoa, pois as células já podem ter uma predisposição para desenvolver aquela doença.

No caso de Vanessa, o seu distúrbio foi causado por um defeito genético presente em todas as células do corpo e, portanto, elas não poderiam ser utilizadas. É diferente, por exemplo, do caso dos irmãos "salvadores", que foi relatado no Capítulo 6. O sangue do irmão mais novo pode ser usado para salvar o mais velho quando compatível.

Interessante que, por uma resolução da Agência Nacional de Vigilância Sanitária (Anvisa), o sangue do cordão umbilical armazenado em um banco privado deve servir apenas para a própria pessoa e, no caso de um parente compatível, só pode ser utilizado mediante uma decisão judicial. Isso leva a questões que ainda não foram discutidas. Por exemplo, se um casal tiver um filho com diagnóstico de leucemia e descobrir que existe um doador compatível em um banco privado, será que a lei poderia exigir que ele fosse usado para salvar a vida da criança? Ou valeria a mesma regra de transplante dos órgãos, segundo a qual não se pode obrigar ninguém a autorizar a doação?

Por outro lado, há muito mais oportunidade de encontrar células compatíveis em um banco público, principalmente quando se trata de amostras da mesma população. Além disso, se uma pessoa tiver doado o cordão do seu bebê para um banco público e descobrir que um parente próximo necessita desse material e é compatível, ele poderá ser recuperado se ainda estiver disponível e seu número armazenado no sistema. Mas o que considero mais importante é que o banco público, assim como os bancos de sangue, não visa o lucro. O seu objetivo é ajudar a quem precisa, e quanto mais amostras tiver armazenado, mais chances de salvar uma vida.

É diferente de um banco privado, que estabelece um comércio de células e, muitas vezes, apela para a propaganda enganosa — utilizando frequentemente atrizes e modelos famosas que servem como chamariz ao afirmar que estão armazenando o sangue do cordão de seus filhos em bancos particulares.

As instituições sérias de todo o mundo condenam essa prática e restringem sua comunicação. Em 2004, o comitê de ética europeu declarou desnecessário o armazenamento do cordão umbilical dos filhos para uso próprio. A França proibiu bancos privados de cordão umbilical por considerá-los improdutivos. A Itália e a Bélgica tomaram a mesma decisão. No Brasil, a Anvisa já manifestou sua preocupação com os anúncios que fazem promessas e *marketing* do tipo "o seguro biológico do bebê", "um ato de amor para toda a vida", produzidos para convencer as famílias num momento de fragilidade emocional, em que os pais querem o melhor para os filhos.

Dito isso, é preciso acrescentar que uma pesquisa realizada no laboratório do Centro de Estudos do Genoma Humano da Universidade de São Paulo mostrou que apenas 10% das amostras de sangue de cordão possuem as células-tronco chamadas mesenquimais — aquelas que comprovadamente têm maior capacidade de se diferenciar em células não sanguíneas, como ossos, cartilagem e músculos, enquanto o tecido dos cordões (aquele tubo por onde passa o sangue da mãe para o bebê) é muito rico nessas células. Mas esses cordões são jogados no lixo! É isso mesmo, o que se faz é guardar o sangue e descartar o cordão e a placenta.

Se o cordão possui células-tronco com um potencial muito maior e diversificado para formar tecidos do que o sangue, guardá-lo para uso futuro pode ser muito promissor. O uso dessas células-tronco para tratamento clínico ainda deve demorar, mas, se as pesquisas derem resultados positivos, é fácil imaginar inúmeros usos para as células-tronco mesenquimais derivadas do cordão umbilical. Entre eles, regeneração óssea no caso de uma fratura, regeneração de dente, de tecido muscular, cartilagem ou de outros tecidos, e uso cosmético em cirurgia plástica. Então, sim, guardar o cordão pode ser uma aposta para o futuro, mas depende, é claro, dos resultados das pesquisas atuais. Por outro lado, quem não guardou o cordão de seu bebê não precisa se preocupar. Existem várias outras fontes de células-tronco, como a polpa de dente de leite, o tecido adiposo (retirado de lipoaspiração) e o sangue menstrual, que são normalmente descartados. O Centro de Estudos do Genoma Humano tem recebido muitas solicitações de pessoas querendo guardar as células-tronco da polpa dentária de seus filhos em um banco, graças a nossas pesquisas em doenças genéticas e terapia celular.

Já criamos um banco de dentes de leite no Centro, mas alertamos os pais que doam esse material que, por enquanto, é só para pesquisas. Embora o potencial dessas células seja bastante promissor, não estamos prometendo nenhum tratamento. E mais, podem tranquilizar as crianças que não estamos concorrendo com a fadinha do dente: só queremos a polpa, ou a parte interna; e devolvemos o dentinho! Quem sabe, no futuro, eles servirão para ajudar pessoas que não conseguiram encontrar doadores compatíveis de outras fontes?

Capítulo 11

Testes de dna na farmácia ou com aconselhamento genético?

Nos países europeus e nos Estados Unidos, os testes genéticos estão se tornando um produto acessível e, o pior de tudo, banal. Laboratórios oferecem a qualquer pessoa a possibilidade de investigar a propensão a doenças futuras, como câncer de intestino e de mama, problemas cardíacos, diabete e até mesmo a expectativa de viver mais de cem anos, como foi anunciado recentemente em pesquisa que sugere que a longevidade tem componentes genéticos. Alguns oferecem testes para analisar características tão irrelevantes que as chamei de genes fúteis. Entre elas estão a cor dos olhos, a cor e a textura do cabelo (crespo ou liso), a presença ou não de sardas, a reação de espirrar com a luz do sol. Existem outras que chegam a ser até ridículas, por exemplo, se você tem tendência a ter cera úmida ou seca no ouvido (deve ser importante para escolher que cotonete usar, imagino) ou se você é sensível ou não ao cheiro de uma substância liberada na urina quando come aspargos.

As análises de dna ganharam espaço, pois novas empresas criadas no *boom* dos avanços da tecnologia digital conseguiram aumentar em dez anos mais de 50 mil vezes a eficiência dos testes, com uma queda espetacular de custos. Isso representou uma explosão de demanda e um enorme mercado fácil de contentar. Os testes são realizados a partir da saliva dos clientes que recebem o *kit* em casa e podem checar os resultados nos sites. Algumas também oferecem informações sobre a origem geográfica e as características étnicas dos antepassados mais remotos. Provavelmente vão acabar desvendando vários casos de falsa paternidade, um problema que, como já vimos, aparece com frequência quando realizamos testes genéticos em famílias com afetados.

Há até a possibilidade de compartilhar as identidades genéticas com amigos, como se estivesse em um site de relacionamento do tipo Facebook. A moda se espalhou tanto que, em 2010, a rede americana de farmácia Walgreens chegou a anunciar seu plano de vender *kits* de testes genéticos personalizados. Mas teve que voltar atrás quando o Food and Drug Administration (FDA), a agência que regula o setor de medicamentos, alertou que os testes precisavam de aprovação antes de serem comercializados. Valeu também a constatação de que, sem regulamentação, cada laboratório tinha seu próprio método de análise de controle de qualidade dos procedimentos, oferecendo resultados às vezes conflitantes para a mesma pessoa.

Qual a reação dos médicos e geneticistas ao *boom* dos testes sem orientação? É fácil imaginar. Pense qual o efeito de saber que você tem propensão para uma doença grave, ou sem cura, como o mal de Alzheimer, por exemplo, e não pode fazer nada para evitar. Além disso, podem se descobrir algumas mutações que têm implicações reprodutivas, isto é, que você tem um risco aumentado de transmitir certas doenças para seus filhos. Como lidar com essas informações? Como interpretar esses testes sem o conhecimento suficiente para entender o que significam? Para a população não especializada, eles não podem ser considerados profetas da saúde ou da doença?

Coletar uma amostra de sangue ou de saliva para um teste de DNA é muito fácil. Mas é fundamental que, antes de se submeter a exames genéticos, a pessoa saiba por que está sendo testada e qual o benefício que terá se o resultado for positivo. Ou negativo. Ter predisposição a determinadas doenças não significa que se vá desenvolvê-las. Sua incidência depende de outros fatores, como os hábitos e o estilo de vida. É por isso que causou sensação o artigo na revista *New England Journal of Medicine* do geneticista David B. Goldstein, da Universidade de Duke. Em meio ao sucesso dos testes, Goldstein afirmou que, "com algumas poucas exceções, o que as empresas estão fazendo nesse momento não passa de genômica recreativa. A informação fornecida por elas tem pequena, ou, em muitos casos, nenhuma relevância".

Concordo com ele. O sequenciamento do genoma humano foi, e continua sendo, muito importante para servir de parâmetro e identificar possíveis diferenças entre os genomas dos pacientes saudáveis e doentes. Mas sabemos hoje que os mecanismos que causam doenças são muito mais complexos e dependem geralmente da interação de fatores genéticos, epigenéticos (alterações na expressão dos genes) e ambientais. Embora possam ser mensuráveis, as diferenças observadas em alguns genes testados por essas companhias não são suficientes para predizer os riscos de inúmeras doenças comuns. Por outro lado, no caso de doenças graves, os testes genéticos podem ser extremamente úteis para o diagnóstico e a prevenção dessas condições. O Centro de Estudos do Genoma Humano é uma prova do que é possível fazer para evitar a transmissão de mutações que causam doenças para os descendentes. Mas explicar o significado das informações genômicas associadas a problemas médicos requer especialistas altamente treinados e dispostos a passar às vezes horas com os consulentes. O processo de aconselhamento genético inclui exames para confirmar o diagnóstico, testes para saber se há risco de repetição para futuros filhos ou parentes próximos, orientação em relação à doença e ao risco genético.

Isso tudo requer uma equipe multidisciplinar de profissionais de saúde, incluindo médicos, geneticistas, bioeticistas e psicanalistas. Além das análises clínicas e genéticas, a parte mais difícil é explicar aos consulentes o que significam os resultados, o que é a doença, o prognóstico, o que pode ser feito, como evitar ter descendentes afetados. É preciso ainda altas doses de psicologia, paciência e habilidade para dar notícias nem sempre agradáveis. Uma das realidades mais duras que esses especialistas são obrigados a enfrentar é quando precisam explicar aos consulentes que não há nenhum tratamento ainda disponível para aquela doença. E mesmo assim, como relatei nos capítulos anteriores, as reações podem ser totalmente inesperadas. Como fazer para ajudar alguém a entender o que significam as informações, a partir de um simples teste de saliva na farmácia ou via internet?

Mas existem ainda outras questões importantes a serem consideradas. Diferentemente das doenças raras causadas por mutações em um ou poucos genes, males muito comuns como câncer e diabetes estão relacionados a uma série de variações genéticas que ocorrem no organismo de cada pessoa. Mais de cem estudos envolvendo milhares de pacientes em diferentes países estão sendo realizados visando encontrar variações comuns para essas doenças. Mas em quase todos os casos, estimar um risco é muito difícil.

Veja, por exemplo, o caso do câncer de mama. Eu até gostaria de saber se tenho propensão a essa doença porque ela é tratável e pode ser prevenida. Como já vimos em outro capítulo, existem pelo menos dois genes, BRCA1 e BRCA2, que são responsáveis pelas formas hereditárias do câncer de mama. Mulheres portadoras de mutações nesses genes têm um risco de cerca de 80% de desenvolver a doença e um risco aumentado para câncer de ovário. A questão ética é se esses testes devem ser feitos na população feminina em geral. O risco global de uma mulher, sem histórico familiar, ter um câncer de mama ao longo da vida é da ordem de 10%, enquanto o câncer hereditário constitui apenas 1% a 2% dos casos. Assim, é dez vezes mais provável que, se uma mulher vier a ter o tumor, ele não esteja relacionado a mutações nos genes BRCA1 e BRCA2.

Mas será que uma mulher cujo teste não revelou mutações nesses genes sabe disso? Ou ela vai deixar de se prevenir, achando que está livre de desenvolver um tumor? Além disso, como existem centenas de mutações patológicas ao longo desses genes e se torna inviável testar todas elas, os laboratórios testam apenas as mais comuns, o que levanta outra questão: sabemos exatamente o que está sendo testado? E qual vai ser a reação se o teste revelar a presença de mutação?

Por outro lado, a percepção de risco é variável entre as pessoas. Nos Estados Unidos, 20% das mulheres que descobrem a mutação em um dos dois genes relacionados ao câncer de mama decidem fazer cirurgia preventiva de extirpação total dos seios. Mesmo após os médicos esclarecerem que a cirurgia não significa que o tumor não aparecerá ou que a alteração em um dos genes pode não significar que a paciente vá desenvolver a doença. Mas o mais chocante foi uma história que ouvi recentemente e que me foi relatada por uma geneticista que trabalha em um centro de estudos nos Estados Unidos.

Tratava-se de uma família com vários casos de câncer de mama precoce. O estudo genético comprovou que as mulheres afetadas tinham realmente uma mutação no gene BRCA1, o que levou as parentas ainda assintomáticas a se submeterem a testes nesse sentido. Uma delas, em particular, vivia apavorada com a possibilidade de vir a ter câncer de mama. Pois bem, o teste de DNA revelou que ela não possuía a mutação, ou seja, não tinha um risco aumentado de vir a ter câncer de mama. Seu risco era igual ao da população feminina em geral, explicou a geneticista após o exame. Foi em vão. Não houve exame que a convencesse, e a moça se submeteu assim mesmo a uma mastectomia bilateral. O seu pavor era maior do que o resultado de qualquer teste genético.

É interessante também notar que a percepção da magnitude de risco varia entre homens e mulheres. Por exemplo, quando falamos a um casal que o risco de vir a ter uma criança afetada por uma doença genética é de 25%, frequentemente a mulher afirma que se trata de um risco muito alto, enquanto para o marido ele é pequeno. Será que isso ocorre porque é a mulher que carrega o peso da gravidez?

Não só a percepção, mas também as consequências psicológicas são muito variáveis. Posso contar minha experiência pessoal relacionada à fibrose cística. Trata-se de uma doença genética grave caracterizada por infecções pulmonares recorrentes e com múltiplos sintomas, incluindo diminuição do crescimento, esterilidade e disfunção pancreática. É causada por mutações ou erros genéticos (já foram descritos mais de 1.500 casos) em um gene chamado CFTR que regula o transporte de sódio, as secreções pancreáticas e a formação de muco. A herança é autossômica recessiva, isto é, a doença só se manifesta se a criança herdar duas mutações, uma de sua mãe e outra de seu pai. Se uma pessoa tiver uma só mutação, ela será heterozigota ou portadora assintomática. Uma mutação só não causa nada. Se os dois pais forem portadores, a probabilidade de vir a ter um descendente afetado é de uma em quatro.

Há alguns anos, resolvemos investigar a incidência de fibrose cística na população brasileira. Sabíamos que uma em cada 25 pessoas de origem europeia é portadora de uma mutação nesse gene, mas não sabíamos qual era a frequência entre nós. Coletamos sangue de colegas, professores, funcionários e alunos. Todo mundo participou. Até eu. Um belo dia, a estudante que era responsável por esse projeto entrou na minha sala e disse: "Identificamos duas portadoras novas". Ela fez uma pausa embaraçada e continuou: "Uma delas é Sandra, uma estudante de doutorado que trabalha no andar de cima". "E a outra?", perguntei. "A outra é você", disse, olhando-me atentamente à espera de minha reação. "Eu?", repeti a pergunta. "Sim, você."

Como eu já tinha dois filhos saudáveis, não me preocupei muito. Aliás, descobri que, para uma geneticista que trabalha com aconselhamento genético, essa informação é muito útil. Toda vez que converso com um casal e sinto que eles se sentem diferentes ou diminuídos quando ficam sabendo que são portadores de uma mutação que transmitiram a um filho, já aviso logo: "Eu também sou, todos nós somos, e não me sinto nada diminuída por isso". Pelo sorriso cúmplice, noto que o impacto positivo costuma ser imediato. Fazemos parte do mesmo clube.

Surpreendentemente, embora tivesse bons conhecimentos de genética, Sandra ficou muito angustiada. Sentia-se diminuída, estigmatizada. Tivemos longas conversas sobre isso. Mesmo sabendo que a mutação não iria lhe causar nada e que seu risco de vir a ter filhos afetados era pequeno, ela demorou a digerir e lidar bem com essa informação. Se mesmo trabalhando em um centro de genética algumas pessoas têm dificuldades de assimilar uma informação como essa, imaginem como será com testes de farmácia.

Muito mais complexo é detectar se temos um risco genético aumentado para uma doença grave e incurável que poderá aparecer dez, vinte ou quarenta anos após sermos testados. Refiro-me, por exemplo, ao mal de Alzheimer, que leva à perda progressiva da memória e da capacidade cognitiva. Existem formas da doença causadas por variantes em pelo menos três genes já identificados, cujo início é precoce. Felizmente são formas raras e correspondem a menos de 10% dos casos. A maioria das formas de Alzheimer tem início tardio (após os sessenta anos) e obedecem a uma herança mais complexa, dita multifatorial, ou seja, pela interação de genes de suscetibilidade com fatores ambientais. Esses genes, por sua vez, aumentam o risco, mas não determinam que uma pessoa irá desenvolver a doença.

Para que isso ocorra, deve haver interação com outros genes de risco e fatores ambientais. Um desses genes de suscetibilidade já identificado é o APO4. Pessoas que têm uma mutação nesse gene sabem que, ao chegar à velhice, terão três vezes mais risco de desenvolver essa terrível doença. Mas há muita gente que possui essa variante e pode nunca ter Alzheimer, enquanto há quem não a tenha e, ainda assim, acabe desenvolvendo esse mal. Na verdade, não há um diagnóstico certeiro mesmo para pacientes que já estão com a demência, pois há inúmeras outras causas que podem provocar esses sintomas. O Alzheimer é apenas uma delas.

Eu pessoalmente já afirmei dezenas de vezes que não tenho nenhum interesse em fazer um teste para detectar se tenho risco aumentado para desenvolver Alzheimer. Minha opinião não é isolada. Diante da incerteza sobre o resultado, a Associação Alzheimer que ajuda os doentes nos Estados Unidos advoga contra os testes, dizendo que ainda não há nada que se possa fazer para prevenir ou curar a doença. Mas há quem pense diferente. Até mesmo médicos afirmam que gostariam de saber. Muitas vezes conversei sobre esse assunto com o neurologista e geneticista David Schlesinger, pesquisador da área de neurogenética do envelhecimento, demência e medicina personalizada. Ele me revelou que, em sua opinião, mesmo não havendo cura, é possível adiar as manifestações da doença. Explicou que muitos pacientes que têm Alzheimer apresentam também uma combinação de pequenos derrames. Ele defende que esse risco para derrames é modificável com medicações e comportamentos saudáveis (dieta do Mediterrâneo, ingestão de vinho, exercício físico regular, exercício mental regular etc.). Assim, as pessoas que souberem que possuem um risco aumentado, terão um estímulo maior para prevenir o declínio cognitivo. Além disso, aquelas com risco aumentado poderão se planejar adequadamente do ponto de vista financeiro e de saúde, obtendo planos/seguros que cubram cuidadores especializados etc.

Schlesinger, que representa uma parte dos pesquisadores que travam uma batalha diária contra essa doença, disse o seguinte: "Se o resultado do meu teste sugerisse risco diminuído para Alzheimer, ficaria mais tranquilo e investiria meus cuidados em outras doenças para as quais posso ter maior predisposição. Se, por outro lado, viesse com risco aumentado, direcionaria meu comportamento na prevenção de demências associadas, obteria um seguro-saúde mais focado e prepararia minha família para minhas eventuais limitações. Além disso, procuraria participar de estudos experimentais de prevenção, contribuindo assim com o tratamento de futuras gerações".

Por tudo isso, é possível perceber como essa questão é delicada e depende da maneira como as pessoas reagem a doenças e da proximidade que elas têm dos riscos. Há quem argumente que saber de antemão que pode vir a ter Alzheimer aceleraria o aparecimento dos sintomas. Por exemplo, todos nós esquecemos coisas o tempo todo e não damos muita bola para isso. Mas, se soubermos que temos propensão a ter a doença de Alzheimer, poderemos interpretar o primeiro esquecimento como o início da doença e corremos o risco de nos autoexcluirmos da vida antes do tempo.

Lembro-me de um jornalista que veio me entrevistar há alguns anos querendo saber minha opinião sobre testes genéticos. Quando lhe falei que normalmente não valorizamos pequenos esquecimentos, que acontecem o tempo todo, se não soubermos que temos um risco aumentado de vir a ter a doença de Alzheimer, ele me disse: "É mesmo, isso nunca havia me ocorrido". Continuamos a conversa, que estava sendo gravada, e por fim ele foi embora dizendo que iria pensar melhor a respeito. Qual não foi a minha surpresa quando olho em cima da mesa e vejo que ele havia esquecido o microfone. Corri atrás dele e consegui alcançá-lo no corredor. Ao lhe devolver o objeto, afirmei sorrindo: "Você entende agora por que é melhor não saber?".

Seja como for, é necessário que a pessoa que fizer o teste procure esclarecimento sobre o resultado. Em todos os casos, a pergunta de quem oferece o teste e de quem se submete a ele é o que a pessoa pode fazer com essa informação. Ela vai lhe trazer algum benefício importante?

Capítulo 12

BANCOS DE DNA OU A HISTÓRIA PARTICULAR AO ALCANCE DOS OUTROS

PELA DELICADEZA E confidencialidade das informações que armazenam, os bancos de DNA ligados a pesquisas científicas costumam ser controlados por um esquema muito rígido de sigilo. Os projetos que necessitam de material genético devem ser obrigatoriamente aprovados por um comitê de ética em pesquisa antes de sua execução. Devem conter todas as informações necessárias para a plena compreensão da finalidade, dos procedimentos, do modo de armazenamento e, especialmente, das questões referentes à preservação da identidade dos participantes. Já contei o caso relatado pela geneticista e especialista em ética Débora Diniz, da Universidade de Brasília, de um centro público de doação de sangue, que realizava testes laboratoriais para anemia falciforme sem o consentimento dos doadores. Após a denúncia de Débora, o centro de saúde mudou o protocolo, que agora traz a informação sobre os exames e realiza o aconselhamento mantendo a confidencialidade.

Isso nos remete a outro assunto muito polêmico: a quem pertencem as informações contidas no nosso DNA? Sim, porque nós o deixamos em toda parte: na xícara do cafezinho, nos talheres do restaurante, nas cutículas que tiramos quando fazemos as unhas, no lenço de papel quando espirramos, na ponta do cigarro descartada. E junto com esse material genético estão disponíveis informações que podem dar origem a problemas legais ou desvendar que temos um risco aumentado a desenvolver certas doenças. Informações genéticas são potencialmente promotoras da quebra de privacidade e do estabelecimento de políticas de exclusão. Por isso, já existem leis proibindo o seu uso sem autorização, garantindo que a confidencialidade dos testes genéticos deve ser assegurada e protegida de terceiros.

Nos Estados Unidos, a liberação de dados só ocorre com consentimento escrito e apenas para fins de interesse médico. Evita-se, assim, o assédio das seguradoras e dos planos de saúde que gostariam muito de ter essas informações para incluir restrições a seus clientes, cobrar taxas mais elevadas ou até se negar a fazer contratos de saúde com pessoas que tenham predisposição a doenças que requerem procedimentos médicos mais caros. Ou de empresas interessadas em descobrir algum problema na saúde dos funcionários.

Além disso, as amostras de DNA costumam não ser identificadas, diferentemente do que ocorre no Brasil. Quais são os prós e contras de cada uma dessas políticas? No caso de amostras anônimas, não há possibilidade de que dados genéticos, capazes de prejudicar seus doadores, possam ser revelados. Por exemplo, risco aumentado para certas doenças que poderiam interessar a companhias de seguro-saúde ou empregadores. Uma vez sem identificação, não há como descobrir a quem pertence aquela amostra. Por outro lado, a vantagem de manutenção da identidade está na possibilidade de contatar o doador da amostra se for descoberto por acaso algo que possa ser de seu interesse.

Vejam uma situação que vivemos muitos anos atrás, antes do estabelecimento dessas regras. Descobrimos em uma amostra do banco de DNA de nossos controles uma mutação que determinava que seu portador tinha um risco aumentado de vir a ter uma criança com uma doença neurodegenerativa. A quem pertencia aquele DNA? Essa foi a nossa primeira questão. Descobrimos que se tratava de uma jovem em idade reprodutiva. Mas o problema é que ela não sabia que havia sido testada e muito menos que corria aquele risco. Debatemos durante horas. Devíamos ou não procurá-la e contar o que havíamos achado? Decidimos que valeria a pena, por um simples motivo: havia algo a ser feito — evitar o nascimento de uma criança com uma doença grave e sem tratamento. E foi o que fizemos. Ela nos agradeceu muito, pois, a partir dessa informação, pôde planejar a sua vida reprodutiva e prevenir também outros familiares "em risco".

Com o avanço da tecnologia e a possibilidade crescente de analisar milhares de genes ao mesmo tempo, a descoberta sem estudos premeditados de mutações que conferem risco a doenças vai se tornar cada vez mais frequente. Como lidar com essas informações? Quando a pessoa em risco deve ser contatada? Ao assinar o termo de consentimento antes de fornecer seu DNA para um banco público, algumas pessoas declaram que só querem ser notificadas se for encontrada alguma mutação relacionada a doenças que podem ser tratadas. E se o doador da amostra falecer e for descoberta uma mutação responsável por uma doença hereditária, por exemplo, coreia de Huntington, deve-se contatar os familiares "em risco"? Trata-se de um assunto complexo, que vai ser objeto de muitas discussões.

Há ainda outra questão a ser considerada. Nos últimos anos, o estudo do DNA permitiu que a ciência resolvesse inúmeros casos de identificação de pessoas desaparecidas e até de crimes. Conhecido como exame forense, esse tipo de identificação pode ser realizado em diversos materiais, como ossadas, dentes, manchas de material biológico, fios de cabelo, pelos, unhas, saliva, secreção vaginal, cordão umbilical, líquido seminal. Esses materiais podem ser coletados nos mais diversos lugares e objetos, como canudinhos de plástico, chicletes mascados, sangue ou suor em peças de roupas. O sucesso da análise vai depender do estado de conservação da amostra. Quando isso é possível, as informações genéticas contidas nos materiais são uma importante fonte de elucidação de crimes.

Porém, para que esse objetivo seja cumprido, é fundamental que os governos e a sociedade iniciem uma discussão sobre as vantagens e desvantagens dos bancos de DNA. Por enquanto, a lei não autoriza a coleta contra a vontade ou sem autorização expressa da pessoa. Mas a polícia pode usar alguns estratagemas para obter o material. Nos Estados

Unidos, Inglaterra e dezenas de outros países, por exemplo, já existem bancos de DNA de criminosos e amostras de cenas de crime, além de casos relacionados a tragédias naturais, como terremotos, e a atos de terrorismo. Em princípio, parece uma boa ideia, mas controvertida. Argumenta-se, por exemplo, que, se depois da análise a pessoa é inocentada, nada garante que sua impressão genética seja retirada desses bancos. Além disso, os textos legais não determinam nenhum limite de idade para os alvos da coleta.

É bom lembrar que um convênio entre o governo brasileiro e o Federal Bureau of Investigation (FBI) dos Estados Unidos permite que a polícia federal tenha acesso ao Combined DNA Index System (Codis), o maior banco de dados de DNA do mundo, capaz de relacionar as características genéticas de um suspeito com dados coletados em trinta países. E muitas vezes esses bancos não se referem apenas a pessoas suspeitas de algum crime. Na onda xenofóbica que atinge o continente europeu, muitos governos levantam a possibilidade de montar um banco de DNA compulsório de imigrantes ilegais. Com isso, querem impedir que eles cometam fraudes ao requerer, para seu cônjuge e filhos, visto de estadia no país europeu onde residem, mesmo que a medida vá de encontro ao direito individual dos imigrantes à privacidade de seus genes.

Por mais que a legislação possa vir a estipular em detalhe os limites de aplicação desses testes, o que está em jogo é o direito individual de determinar até que ponto informações pessoais podem ser utilizadas por terceiros. Por exemplo, ninguém nega a utilidade dos bancos de

DNA no auxílio à localização de pessoas desaparecidas. Em São Paulo, funciona um projeto de identificação de pais e irmãos de crianças desaparecidas que permite a avaliação do vínculo genético daquelas que forem localizadas.

Recentemente se propôs que todos os recém-nascidos tivessem uma amostra de DNA coletada (a partir do sangue do cordão umbilical) para se obter um perfil genético de cada um e assim evitar a troca de crianças em maternidade. Entretanto, como essa coleta pode ser feita em qualquer idade, qual é a necessidade de ter amostras retiradas de recém-nascidos? Por outro lado, é preciso haver um controle rígido para garantir que amostras de sangue do cordão umbilical, armazenadas em bancos públicos, que são extremamente importantes para o transplante em caso de doenças hematológicas, não sejam usadas ilegalmente para fornecer dados genéticos dos doadores.

Bancos de DNA também estão tendo um papel fundamental na identificação das vítimas do atentado às torres gêmeas nos Estados Unidos, das vítimas da guerra na antiga Iugoslávia, das pessoas mortas pela ditadura no Chile e na Argentina, das vítimas da guerrilha na Colômbia e das ossadas dos desaparecidos no Brasil. Mas qual a orientação em casos nos quais as pessoas não querem tornar público um assunto familiar privado relacionado a crimes cometidos no passado? E se as pessoas interessadas se recusarem a ser testadas? E o direito de "não querer saber"? Foi o caso, pelo que acompanhei nos jornais, dos filhos adotivos da proprietária de um grupo jornalístico na Argentina. Suspeitava-se que haviam sido sequestrados depois que seus pais foram assassinados pelos militares durante a ditadura. Os filhos adotivos não aceitaram passar pelo teste e argumentaram que sua situação particular ganhou conotações políticas além da questão familiar e emocional. Depois se soube que seus pais biológicos não constavam da lista de jovens mortos nas prisões da ditadura argentina.

No Brasil, também tivemos uma questão polêmica há alguns anos. Todos devem se lembrar da história de Pedrinho, um menino que havia sido sequestrado na maternidade. O exame de DNA revelou que ele não era filho biológico de Vilma, a mulher suspeita do sequestro e que havia criado o menino como seu filho biológico. Pedrinho, ainda adolescente, quando soube da verdade, preferiu morar com seus verdadeiros pais. Mas, na mesma época, suspeitou-se que Roberta, sua suposta irmã, que já tinha 23 anos, também pudesse ter sido sequestrada por Vilma. Mas, ao ser confrontada com a suspeita, ela declarou enfaticamente que não queria saber. Considerava como mãe aquela mulher que a havia criado. Porém, ao prestar depoimento na polícia, Roberta, inadvertidamente, descartou restos de cigarro. Foi o suficiente. A partir da análise daquele material foi possível fazer um exame de DNA e confirmar que ela também não era filha biológica de Vilma. Por um lado, tratava-se de um novo crime, e a mãe de Roberta, que havia perdido sua filha na maternidade e era a maior prejudicada, tinha o direito de ver a história esclarecida. Mas, por outro lado, a vontade de Roberta havia sido violada. E o direito de não saber? A questão é: o DNA pode ser usado sem o consentimento do doador?

Segundo alguns juristas, o DNA descartado não nos pertence mais e, portanto, não houve violação no caso de Roberta. Se isso é verdade, quem nos garante que as companhias de seguro-saúde ou nossos empregadores também não usarão essa estratégia para saber se temos risco aumentado para certas doenças de alto custo ou incapacitantes?

Por outro lado, dois casos de recusa em fornecer o DNA para testes reacenderam na mídia questões éticas sobre as informações contidas no nosso DNA. No primeiro deles, o goleiro Bruno, acusado do assassinato de sua ex-namorada, se recusou a fornecer material para testes que poderiam elucidar sua participação no crime. O segundo caso é do ex-vice-presidente José Alencar, que se recusou a fazer o teste para comprovar uma suspeita de paternidade.

Segundo a lei brasileira, se um suspeito de paternidade se recusar a fornecer material para teste de DNA, é considerado o pai biológico da criança. Mas, e no caso do goleiro Bruno, acusado de um crime hediondo, que se recusa a fornecer seu DNA sob a alegação de que isso pode ser usado contra ele? A acusação contra ele é gravíssima. O fato de o goleiro se recusar a fornecer espontaneamente material para exame de DNA impede que este, se obtido sem a sua permissão, seja usado como prova jurídica? Por outro lado, no caso de comprovação de paternidade, o pai que está sendo acusado é obrigado a fornecer material genético. Aparentemente, a lei entende que é para proteger a criança. Mas para proteger a sociedade de um criminoso em potencial não existe a obrigatoriedade? São boas questões para os criminalistas.

Finalmente, há outras situações sobre a pesquisa do código genético que envolvem contribuições não apenas de indivíduos, mas também de coletividades. E até mesmo de países inteiros. Uma história conhecida ocorreu na Islândia. Relativamente isolados por razões geográficas, os islandeses formam uma população homogênea, o que fez com que seu país fosse considerado o lugar ideal para uma pesquisa sobre a contribuição genética de algumas doenças. Em troca dos resultados futuros, que ficariam disponíveis à população, o Parlamento permitiu que uma companhia farmacêutica armazenasse os dados médicos dos islandeses, além das árvores genealógicas.

Após várias denúncias e ações na Justiça, o programa foi considerado inconstitucional porque os indivíduos que dele participaram não haviam fornecido um consentimento explícito para uso de suas informações, que, segundo o acordo, faziam parte de um "pacote de DNA coletivo". Apesar disso, a empresa farmacêutica voltou a coletar material genético de voluntários na Islândia e usou as informações para a produção de medicamentos ainda em experimentação clínica.

Algumas populações isoladas se negam a fornecer dados para um banco de DNA coletivo, mesmo que o anonimato seja garantido. No Brasil, houve muito debate entre cientistas e antropólogos sobre o armazenamento de DNA dos indígenas e suas possíveis repercussões comerciais e também sobre o significado cultural desse armazenamento para esses povos. Argumentavam os críticos desses bancos que o consentimento informado nem sempre era bem entendido pelos índios e, por isso mesmo, pressionadas pela Justiça, algumas universidades já tiveram que devolver amostras de sangue coletadas das tribos há dezenas de anos. Enquanto a controvérsia não é resolvida, os cientistas que trabalham com genética populacional e história das migrações hoje preferem utilizar dados já relatados na literatura.

Capítulo 13

CLONAGEM OU O QUE NOS RESERVA O FUTURO

TODO MUNDO LEMBRA DA história de Dolly, aquela famosa ovelha britânica clonada a partir de uma célula da glândula mamária de sua mãe, em 1997. Para conseguir esse feito, os pesquisadores escoceses Keith Campbell e Ian Wilmut transferiram o núcleo de uma célula já diferenciada para um óvulo sem núcleo. Este foi então inserido em um útero de outra ovelha, transformada em "barriga de aluguel", e originou o primeiro clone de um mamífero. Depois dele, outros clones de animais se seguiram, incluindo de rato, gato, cachorro, porco, bezerro e cavalo. No Brasil, fizemos vários clones animais com o objetivo de preservar linhagens nacionais de gado e produzir remédios no leite. Nesses anos todos, porém, o que se tem visto é que o processo de clonagem é muito difícil e pouco eficiente. Menos de 10% dos embriões clonados que são transferidos para o útero geram um animal saudável. E, mesmo depois de várias experiências, o índice de sucesso é muito baixo. No caso de Dolly, foram necessárias 276 tentativas até se conseguir um animal clonado.

Mesmo assim, a história do clone de ovelha despertou a imaginação das pessoas sobre a possibilidade de fazer a clonagem de humanos. Nos anos seguintes ao nascimento da ovelha, o tema chegou a ser até enredo de novela de TV, para não dizer de filmes de terror e ficção científica. Isso porque, teoricamente, poderíamos gerar clones de pessoas vivas ou mortas, apenas retirando o núcleo de uma célula diferenciada, que poderia ser de qualquer tecido, de uma criança ou adulto. Depois, seria preciso inserir esse núcleo em um óvulo para implantá-lo no útero de uma mulher, que funcionaria como "barriga de aluguel". Se o óvulo se desenvolvesse, seria criado um novo ser, com as mesmas características físicas da criança ou do adulto de quem havia sido retirada a célula diferenciada. Seria como um gêmeo idêntico, mas nascido posteriormente.

Na época de Dolly, a comunidade científica de todo o mundo se posicionou contra essa possibilidade. E não apenas os cientistas. Nos Estados Unidos, a Comissão Nacional de Bioética definiu, alguns meses depois do anúncio de nascimento da ovelha, que toda pesquisa voltada para a clonagem humana seria banida naquele país e não seriam fornecidas verbas federais para esse tipo de estudo. Muitos outros países adotaram medidas semelhantes. Mas isso não impediu que começassem a aparecer notícias sensacionalistas. Um médico italiano, Severino Antinori, nos anos seguintes, dizia ter conseguido engravidar mulheres que gerariam clones humanos. Defendia a aplicação dessa técnica para casais inférteis. Um grupo de religiosos intitulados raelianos anunciou que havia conseguido fazer o primeiro clone humano do mundo, com o sugestivo nome de Eva. Sabíamos que tudo isso não passava de um blefe, e o tempo demonstrou que as profecias e os anúncios de seitas não se realizaram.

Na realidade, Dolly revolucionou as pesquisas com células-tronco. Antes do nascimento da ovelha, não se acreditava ser possível fazer com que uma célula de mamífero, já diferenciada, pudesse ser reprogramada ao estágio inicial, de modo que se comportasse como um óvulo recém-fecundado por um espermatozoide. A ovelha, que morreu aos seis anos de uma doença pulmonar incurável, demonstrou que uma célula adulta poderia ser "reprogramada" para voltar ao estágio de célula totipotente, isto é, capaz de originar um ser completo, se inserida em útero. O mais importante foi a descoberta que essa mesma célula "reprogramada" poderia ser o início de qualquer tecido em laboratório, o que desencadeou as pesquisas com células-tronco que poderão revolucionar a medicina regenerativa.

Outra ideia — a clonagem terapêutica, que até hoje não se mostrou bem-sucedida em seres humanos — acabou levando ao uso dessa mesma tecnologia para gerar linhagens celulares. A clonagem, nesses casos, não seria para desenvolver gêmeos em série ou criar réplicas aperfeiçoadas de indivíduos. Em vez de usar células embrionárias armazenadas em clínicas de reprodução assistida, a ideia seria produzi-las a partir de células retiradas do paciente, transferir o núcleo dessas células para um óvulo sem núcleo, cultivá-las e multiplicá-las em laboratório. Depois, induzir a diferenciação em tecidos específicos de acordo com as necessidades.

Teoricamente, se o paciente tivesse sofrido queimaduras, por exemplo, seriam feitas células de pele; se estivesse com mal de Parkinson, virariam neurônios; na cirrose, se transformariam em células de fígado; e assim por diante. Se essa técnica fosse dominada, no futuro, cada pessoa poderia criar preventivamente suas linhagens particulares de células-tronco com potencial embrionário. Ao longo da vida, caso essa pessoa precisasse de transplante, essas células seriam descongeladas, multiplicadas e induzidas a se diferenciar. Quando transplantadas, poderiam regenerar o tecido ou o órgão danificado sem o risco de rejeição. É nisso que apostam, por exemplo, os defensores dos bancos de sangue de cordão umbilical privados, esquecendo-se de que é uma promessa distante, enquanto os bancos públicos já podem ser benéficos no tratamento de doenças hoje.

No Brasil, a mesma Lei de Biossegurança de 2005, que permitiu a utilização de células-tronco de embriões congelados obtidos em clínicas de fertilização para pesquisas, proibiu a clonagem terapêutica. "Isso vai abrir caminho para a clonagem reprodutiva", diziam na época os opositores, entre os quais grupos religiosos. "Vai gerar comércio de óvulos." Meus argumentos de que a pesquisa poderia ser controlada e regulamentada não surtiram efeito. Até hoje, a discussão sobre a clonagem terapêutica continua a ser levada sem a profundidade ética que merece. Veja, por exemplo, o que ocorre com as células iPS (do inglês *induced pluripotent stem-cells*) desenvolvidas pelo pesquisador japonês Shinya Yamanaka, em 2007, e consideradas "a solução" por todos aqueles que se opõem às pesquisas com células embrionárias obtidas de embriões congelados ou derivadas de clonagem terapêutica.

Células iPS são células adultas maduras, retiradas do nosso corpo ou de um animal, que foram reprogramadas para se transformar em células-tronco pluripotentes — aquelas que têm a capacidade de dar origem a todos os tecidos, daí o seu nome. Para que isso aconteça é necessário expressar genes que estão ativos no início da embriogênese e que são silenciados quando as células já estão diferenciadas em tecidos. Por exemplo, uma célula de pele pode ser reprogramada e voltar a ser uma célula semelhante àquela encontrada no embrião. Pesquisas muito recentes têm mostrado que as células reprogramadas iPS não são idênticas às embrionárias e que elas guardam a memória de onde foram retiradas. Para mim isso não é surpresa. Mas as células iPS foram saudadas pelos grupos religiosos como "a solução", pois se as pesquisas avançarem, não será mais preciso obter células-tronco de embriões, que, segundo eles, estariam sendo sacrificados.

Não sou contra as iPS, pelo contrário. Não sabemos se algum dia elas servirão para terapia celular ou para a substituição de tecidos. Independentemente da polêmica, para os cientistas como nós que estão interessados em utilizar células-tronco a fim descobrir os mecanismos que causam doenças genéticas, essas células são uma grande esperança e uma ferramenta preciosa. Elas abrem portas para novas pesquisas que podem ser muito promissoras. Mas, do ponto de vista de quem teme a possibilidade de produzir um clone humano, a técnica deveria ser questionada, pois representa um passo a mais nessa direção. Cientistas chineses já conseguiram clonar camundongos, reprogramando uma célula adulta para que adquirisse características de uma célula embrionária. Para isso, bastou inserir um vírus inócuo e ativar alguns genes, essenciais para que a célula adquira as propriedades de uma célula embrionária. A célula reprogramada, colocada em útero, gerou animais viáveis e férteis, confirmando que essas células poderiam ser totipotentes sem a utilização de óvulos, pelo menos em camundongos.

Em tese, seria possível gerar um clone humano muito mais facilmente. A diferença é que, na clonagem terapêutica, a célula adulta (ou melhor, o núcleo da célula onde está quase todo o DNA) é inserida em um óvulo sem núcleo. Já no caso das células iPS, não é preciso óvulo algum. As células adultas são reprogramadas para se comportarem como embrionárias. O que há de comum nos dois casos é que a célula reprogramada precisa ser inserida em um útero para gerar um clone ou cópia de um animal. O inventor da técnica, Shinya Yamanaka, prevendo essa possibilidade, propôs uma regulamentação ao governo japonês, e o Ministério da Ciência do Japão enviou a todas as universidades e agências que subsidiam pesquisas científicas uma notificação proibindo a implantação de embriões feitos com células iPS em úteros (humanos ou de animais), a produção de qualquer indivíduo a partir de células iPS ou a produção de células germinativas (que dão origem aos óvulos e aos espermatozoides) derivadas dessas células.

Mas quem garante que não há malucos por aí tentando gerar clones humanos às escondidas? Sem a necessidade de óvulos humanos, é muito mais fácil tentar reprogramar uma célula adulta para que se comporte como embrionária. E inseri-la em um útero, que não precisa necessariamente ser humano. Pode ser de qualquer animal. É assustador, não?

Agora, o outro lado da questão. Em seu livro *Genetic dilemmas*, a geneticista Dena S. Davis relata a situação hipotética de um casal — Lorna e Jim Garcia — que se encontrou, se apaixonou e se casou quando ambos tinham mais de quarenta anos. Nessa idade, eles queriam ter um filho, mas descobriram que seria difícil porque a menopausa de Lorna estava chegando e Jim já tinha problemas de infertilidade. Contra todas as expectativas, Lorna conseguiu engravidar e teve uma menina que ela chamou de Espera. Mas, quando a pequenina tinha dois anos, a família toda sofreu um acidente de automóvel causado por um motorista bêbado. Jim morreu na hora; Lorna, felizmente, salvou-se sem muitas sequelas. A bebê Espera foi levada ainda com vida para o hospital, mas teve morte cerebral no dia seguinte. Lorna, desesperada para ter uma outra criança que a lembrasse daqueles momentos de felicidade com Jim, pediu para os médicos conservarem algumas das células da menina. Esperava que um dia pudesse cloná-las e ter outro bebê geneticamente ligado a ela e ao marido.

Por que a geneticista conta essa história? Ela mesma explica: "Para trazer alguns aspectos éticos à discussão sobre clonagem antes que ela seja possível". Dena considera que, à medida que a ciência avança, a possibilidade de gerar irmãos gêmeos com diferentes idades será concretizada até porque as técnicas atuais de fertilização assistida são muito arriscadas e custosas para os casais. No caso da clonagem, o "doador" pode ser um irmão, o pai, um amigo, uma amiga ou pessoa famosa ou até mesmo alguém que já tenha morrido, cujas células foram preservadas, como no caso relatado acima. A autora chega a dizer que a técnica seria muito bem-vinda no caso de mulheres homossexuais que desejassem ter um filho e não quisessem se submeter a receber a doação de estranhos e ter problemas legais relativos ao pai de aluguel.

Por outro lado, ela chama a atenção para o fato de que muitas pessoas fantasiam que um clone deve ser exatamente igual ao original, uma motivação que não tem nenhum sentido. Primeiro porque, no caso de uma pessoa famosa, imagina-se que o clone será uma cópia do adulto admirado. Ela lembra que, após a morte da princesa Diana, o sentimento de perda foi expresso por um de seus súditos que portava um cartaz no Central Park de Londres, com essas palavras: "Clonem outra Diana". Como se isso fosse possível.

Nenhuma criança, mesmo geneticamente idêntica a outra, seria igual a ela porque sua vida, ambiente, condições serão diferentes. Ou, como já foi dito, clone não é fotocópia. Mesmo levando em conta as características físicas e deixando de lado as psicológicas, hábitos, alimentação, ocupação, exposição a doenças e ao sol etc. fariam com que fosse se diferenciando à medida que envelhecesse. Do ponto de vista psicológico então, nem se fala. Clones de Madre Teresa de Calcutá, se existissem, não teriam o seu espírito de dedicação. Poderiam ser até o oposto. Já imaginaram uma mulher com a aparência dela e dançando como a Madonna? Ou o clone de Einstein cuja maior ambição seria tornar-se alpinista? Da mesma forma que clones de Hitler não teriam o seu caráter e personalidade destrutiva, até porque o determinismo genético que ele tanto quis provar não existe (vocês devem se lembrar do livro *Os meninos do Brasil*, de Ira Levin, em que um cientista maluco cria meninos que deveriam ter o mesmo perfil psicológico do ditador).

Mas, provoca Dena Davis, embora reprove a maioria dos argumentos em defesa da clonagem reprodutiva, e que são os mesmos que levam as pessoas a escolher o sexo dos filhos ou a seleção de características determinadas, não existiriam situações excepcionais em que a aplicação da técnica seria compreensível ou aceitável, como no caso da tragédia de Lorna Garcia? Se algumas formas de clonagem podem ser aceitas em determinadas situações, não seria o caso de iniciar uma discussão ética em vez de banir essa possibilidade totalmente? Ela lembra que, quando Louise Brown, o primeiro bebê de proveta, nasceu na Inglaterra, em 1978, falou-se em escândalo, e houve especulações de todo tipo sobre a nova sociedade que dali sairia. O mundo, no entanto, continuou andando da mesma maneira, e existem inúmeras pessoas que nasceram graças às técnicas de fertilização assistida.

Eu não tenho resposta para essas questões, mas concordo pelo menos em um aspecto com a autora. Em todos os casos relatados neste livro que levamos ao conhecimento do leitor, quis mostrar que a ciência avançou depressa demais e não houve tempo para que uma discussão ética acompanhasse a sua evolução. Em vez de questionar questões éticas depois dos anúncios científicos, nesse caso da clonagem, podemos debater o que vem pela frente antes que ocorra. São assuntos que nos dizem respeito agora e no futuro e que não podem ficar restritos aos meios acadêmicos. Devem ser amplamente discutidos por toda a sociedade.

Para entender melhor

Aconselhamento genético — Consulta que inclui vários procedimentos, como informações sobre doenças genéticas, diagnóstico, prognóstico, estimativas de riscos de recorrência de doenças, testes genéticos para pacientes e familiares em risco, orientação e apoio a fim de permitir que as pessoas interessadas e suas famílias tomem decisões relativas aos procedimentos, tratamento e, principalmente, às chances de terem filhos com doenças.

Alelo — Cada uma das duas cópias de um mesmo gene (oriundas do pai e da mãe) que ocupam determinada posição no cromossomo.

Anemia de Blackfan-Diamond (dba) — Forma congênita (presente ao nascimento) de anemia. Cerca de 30% a 40% dos pacientes têm outras anomalias congênitas, principalmente dos membros superiores e região craniofacial. A maioria dos casos é esporádica, isto é, não herdada, e cerca de 10% a 25% dos casos são de famílias com herança autossômica dominante (risco de 50% de transmissão entre gerações).

Anemia de Fanconi — Doença genética de herança autossômica recessiva que afeta crianças e adultos de todos os grupos étnicos. Atinge a medula óssea e está associada a malformações cardíacas, renais, dos membros e alterações na pigmentação da pele (*ver*: herança autossômica recessiva).

ANEMIA FALCIFORME (OU DEPRANOCITOSE) — Doença genética, de herança autossômica recessiva, que leva à malformação das hemácias, que assumem forma semelhante a foices (de onde vem o nome da doença), com maior ou menor severidade. Os afetados apresentam deficiência do transporte de oxigênio. É comum na África, na Europa Mediterrânea, no Oriente Médio e regiões da Índia (*ver:* herança autossômica recessiva).

ANTÍGENOS LEUCOCITÁRIOS HUMANOS (HLA) — Conjunto de genes responsáveis pela resposta imunológica do organismo, transportando antígenos (partícula ou molécula capazes de suscitar uma resposta do sistema imunológico) de dentro da célula para a sua superfície.

ASSINTOMÁTICO (portador) — Indivíduo que possui uma ou mais mutações responsável por determinada doença e não apresenta nenhum dos sintomas clínicos, embora possa transmiti-la para a sua descendência.

ATAXIAS — A palavra remete à perda de coordenação dos movimentos musculares voluntários, um sintoma de doenças que comprometem o sistema nervoso. A perda de coordenação pode afetar os membros, a fala, os movimentos dos olhos ou de outras regiões do corpo. Os sintomas geralmente decorrem de disfunções do cerebelo (parte do cérebro responsável pela coordenação motora), lesões na medula espinhal, neuropatia periférica ou de uma combinação desses fatores. As ataxias hereditárias são causadas por uma mutação genética e são também conhecidas como ataxias progressivas porque os sintomas costumam se agravar com o passar do tempo. Por se tratar de uma herança autossômica dominante, os descendentes de indivíduos portadores têm risco de 50% de herdá-la.

BANCOS DE DNA — Repositórios onde são armazenados o DNA de pessoas (afetadas por doenças ou normais) ou de outros organismos vivos.

BEBÊ DE PROVETA — Bebê gerado por fertilização *in vitro*, isto é, manipulada no laboratório. O procedimento envolve coleta do óvulo e do espermatozoide. Após a fecundação, o embrião é inserido no útero materno.

BIOÉTICA — É a parte da ética, ramo da filosofia, que enfoca as questões referentes à vida humana.

BIOLOGIA MOLECULAR — É o estudo da biologia em nível molecular, com especial foco na estrutura e na função do material genético e seus produtos de expressão, as proteínas. A biologia molecular investiga as interações entre os diversos sistemas celulares, incluindo a relação entre DNA, RNA e síntese proteica.

CÂNCER — É uma doença caracterizada por uma população de células que cresce e se divide sem respeitar os limites normais, invadem e destroem tecidos adjacentes e podem se espalhar para lugares distantes no corpo por meio de um processo chamado metástase (*ver*: doença genética, leucemia, linfomas).

CÉLULA — Unidade básica de todo organismo vivo, responsável pelos processos bioquímicos da vida.

CÉLULAS HEMATOPOÉTICAS — Células que dão origem ao sangue.

CÉLULAS REPROGRAMADAS — Células já diferenciadas que são manipuladas por meio de engenharia genética para adquirir características de células-tronco. O termo é comumente usado no caso de células que foram reprogramadas para se comportarem como células-tronco embrionárias.

CÉLULAS TOTIPOTENTES — Células que têm o potencial de originar todas as células de um organismo, ou, eventualmente, um ser completo, se colocadas em útero.

CÉLULAS-TRONCO — Células que têm o potencial de originar várias linhagens celulares e também de se autorrenovar.

CÉLULAS-TRONCO ADULTAS — Células-tronco que têm o potencial de originar várias linhagens celulares e que são encontradas no cordão umbilical e em vários tecidos do organismo, como medula sanguínea, tecido adiposo, polpa de dente de leite, entre outros.

CÉLULAS-TRONCO EMBRIONÁRIAS — Células-tronco obtidas de embriões com algumas centenas de células e que têm o potencial de originar todos os tecidos do organismo.

CÉLULAS-TRONCO MESENQUIMAIS — Células-tronco com potencial de se autorreplicar e de se diferenciar em várias linhagens, tais como células musculares, ósseas, adiposas e cartilaginosas.

CLONAGEM REPRODUTIVA — Procedimento que origina uma cópia idêntica de um organismo a partir de uma única célula.

CLONAGEM TERAPÊUTICA (OU TRANSFERÊNCIA DE NÚCLEO) — Procedimento no qual o núcleo de uma célula é transferido para um óvulo sem núcleo e este adquire as características de uma célula-tronco embrionária com potencial de originar qualquer tecido.

CLONE — Palavra originada do grego *klon*, que quer dizer broto de um vegetal, usada para identificar pessoas idênticas geneticamente. Nas plantas, a clonagem é uma forma de reprodução assexuada que existe naturalmente. Nos animais e seres humanos ocorre em gêmeos univitelinos. A geração de um novo animal a partir de outro preexistente só ocorre em laboratório. Nesse caso, os indivíduos resultantes têm as mesmas características genéticas do doador.

CÓDIGO GENÉTICO — A maneira pela qual as células traduzem um código de quatro letras formado pelas quatro bases nitrogenadas presentes no DNA (adenina, guanina, timina e citosina — AGTC) que corresponde aos vinte aminoácidos presentes nas proteínas. Por exemplo, a sequência TGC corresponde ao aminoácido cisteína. O código genético é o mesmo para quase todos os seres vivos.

CONGÊNITA — Qualquer alteração no feto presente no nascimento (diferente de hereditário). O traço congênito, defeituoso ou não, físico ou bioquímico, pode ser resultante de uma mutação genética ou de um fator não genético, por exemplo, síndrome do álcool fetal causado pela ingestão exagerada de álcool durante a gravidez.

CORDÃO UMBILICAL — Longo cordão constituído por duas artérias e uma veia que permite a troca de sangue, nutrientes e gases entre o feto e a mãe durante a gravidez.

COREIA DE HUNTINGTON — Doença neurodegenerativa que afeta o sistema nervoso central, em geral de início tardio. É causada por uma mutação em um gene que codifica a proteína huntingtina. Caracteriza-se por movimentos involuntários, perda progressiva da força muscular e demência. A herança é autossômica dominante e, portanto, os afetados têm um risco de 50% de transmitir o gene defeituoso para sua descendência.

CROMOSSOMOS — Material hereditário composto de DNA e proteínas, cuja principal função é conservar, transmitir e expressar a informação genética. São eles que definem, por exemplo, a cor dos olhos e a ocorrência de algumas doenças ou síndromes, quando alterados numérica ou estruturalmente. Na espécie humana, 46 cromossomos (22 pares e os cromossomos sexuais X e Y) estão presentes em todos os 100 trilhões de células do organismo, à exceção das células sexuais (que só têm a metade) e das hemácias (que não têm nenhum).

DIAGNÓSTICO PRÉ-IMPLANTAÇÃO (DPI) — Diagnóstico realizado em uma ou mais células de um embrião gerado por fertilização *in vitro* antes de ser implantado no útero. O DPI permite identificar alterações nos cromossomos e algumas mutações genéticas em famílias que já tiveram indivíduos afetados.

DIAGNÓSTICO PRÉ-NATAL (DPN) — Diagnóstico realizado durante a gestação. Pode ser realizado em amostras de vilosidades coriônicas (estruturas formadas pela placenta que promovem a aderência ao útero) retiradas por via vaginal entre a 10ª e a 14ª semana de gravidez ou em líquido amniótico (líquido que circunda o feto) ao redor da 14ª à 16ª semana de gestação.

DISTROFIAS MUSCULARES PROGRESSIVAS (DMP) — Grupo de doenças genéticas caracterizado pela degeneração progressiva da musculatura devido à ausência ou à deficiência de uma proteína essencial para o músculo. Existem mais de trinta genes que, quando alterados, causam distrofias. A herança pode ser autossômica dominante, recessiva ou ligada ao cromossomo X.

DNA (ADN) — Sigla em inglês para ácido desoxirribonucleico, um complexo filamento de substâncias químicas, em forma de hélice dupla, que se encontra principalmente no núcleo das células. O DNA é a molécula que traz a informação genética responsável pela estrutura e pela função dos organismos vivos e que permite a transmissão da informação genética através das gerações.

DNA RECOMBINANTE — Combinação de moléculas de DNA de diferentes origens. A tecnologia de DNA recombinante, ou engenharia genética, é um meio de produzir, por manipulação genética, grande quantidade de proteínas terapêuticas que, de outra maneira, seriam difíceis de obter de seres humanos ou de outras fontes. Os medicamentos recombinantes, que incluem classes conhecidas como a insulina, são atualmente os pilares de tratamentos de longo prazo para várias doenças.

DOENÇA GENÉTICA — Distúrbio resultante de falhas no funcionamento de um gene (defeituoso ou ausente) ou de uma região regulatória do DNA. Doença genética não é sinônimo de doença hereditária. Por exemplo, o câncer é uma doença genética, mas que raramente é hereditário.

DOENÇA HEREDITÁRIA — Doença genética causada pela falha no funcionamento de um gene (defeituoso ou ausente) ou de uma região regulatória do DNA e que pode ser transmitida para outras gerações. Toda doença hereditária é genética, mas nem toda doença genética é hereditária.

DOENÇA MULTIFATORIAL — Doença ou característica causada pela interação entre vários genes (geralmente cada um com um efeito pequeno) e o ambiente. Por exemplo, lábio leporino ou hipertensão.

DOENÇA DE TAY-SACHS — Doença genética neurodegenerativa de herança autossômica recessiva, na qual há morte dos neurônios devido à ausência da enzima hexosaminidase A. Os afetados têm uma deterioração mental e física, com início por volta dos seis meses de idade, e a sobrevida dificilmente ultrapassa os três ou quatro anos. É mais comum em judeus de origem *ashkenazis* (Europa Central).

EFEITO PLACEBO — É como se denomina a ação de um medicamento ou tratamento que só apresenta efeito terapêutico devido aos efeitos fisiológicos da crença da pessoa de que está sendo tratada. O efeito placebo é usado para testar a validade de medicamentos ou técnicas verdadeiras. Consiste, por exemplo, no uso de algum produto inócuo administrado a um grupo de pessoas, comparando-se os resultados com outro grupo ao qual foi administrado um medicamento ou procedimento cujo efeito se pretende avaliar.

EMBRIÃO — Óvulo fertilizado (ovo) nas fases mais iniciais de desenvolvimento, da segunda à sétima semana depois da fecundação, etapa conhecida como período embrionário. O período embrionário termina na oitava semana depois da fecundação, quando o produto da concepção passa a ser denominado feto.

EMBRIOGÊNESE — Fases iniciais do desenvolvimento do embrião.

EPIGENÉTICA — Alteração na expressão ou função de um gene sem alteração na sequência primária do DNA.

ERITROPOETINA (EPO) — É um hormônio secretado pelo rim que estimula a medula óssea a elevar a produção de células vermelhas do sangue.

ESCLEROSE LATERAL AMIOTRÓFICA (ELA) — Doença neurodegenerativa progressiva que se inicia na idade adulta. É causada pela morte dos neurônios motores localizados no córtex cerebral, no tronco encefálico e na medula espinhal. O início e o tempo de progressão variam, mas ocorre a perda de força dos membros superiores e/ou inferiores, o comprometimento da fala e da deglutição, bem como da função respiratória. Cerca de 90% dos casos são esporádicos, ou seja, não se observa recorrência familiar da doença. Os 10% restantes podem apresentar padrão de herança autossômica dominante ou recessiva.

EUGENIA — O termo foi criado em 1883 por Francis Galton, que o definiu como sendo "bem-nascido". No século XIX foi utilizado para o estudo das melhores condições para a reprodução e o melhoramento da espécie humana. Mais recentemente, seria a crença de que a substituição dos genes "maus" pelos "bons" seria capaz de conceber uma humanidade nova e melhorada, livre do sofrimento causado pelas doenças e pelas características físicas e mentais indesejáveis.

EXAMES MOLECULARES — Testes genéticos para avaliar alterações no DNA, na expressão dos genes ou em seus produtos.

Fenilcetonúria — Doença de herança autossômica recessiva causada pela ausência da enzima fenilalanina e que causa retardo mental se não for tratada. Pode ser diagnosticada no nascimento pelo teste do pezinho, prevenindo-se o aparecimento dos sintomas por meio de uma dieta adequada.

Feto — Estágio de desenvolvimento intrauterino que tem início após oito semanas de vida embrionária, quando já podem ser observados braços, pernas, olhos, nariz e boca, e vai até o fim da gestação.

Fibrose cística (mucoviscidose) — É uma das doenças genéticas mais comuns e tem origem autossômica recessiva. É caracterizada por pneumonias de repetição e pode haver insuficiência pancreática. Existem mais de 1.500 mutações já descritas no gene da doença e a gravidade depende do tipo de mutação.

Gene — Unidade básica do DNA que ocupa um lugar específico no cromossomo e que é responsável pela produção de um produto funcional.

Genética — Ciência que estuda os genes, a herança, a variação e o conjunto de fenômenos e problemas relativos à descendência. Ramo da biologia que estuda a forma como se transmitem as características biológicas de geração para geração.

Genoma — A sequência completa do DNA contendo toda a informação genética de um organismo ou de uma população.

Genômica — É o campo da genética que estuda o genoma.

Genótipo — Constituição genética de um indivíduo, diferente de sua aparência física (fenótipo). Conjunto de genes existentes em cada um dos núcleos das células dos indivíduos pertencentes a determinada espécie, responsável pelas características hereditárias desse indivíduo em particular.

Hemocromatose — Doença na qual ocorre depósito de ferro, principalmente no fígado, pâncreas, coração e hipófise, que podem perder, progressivamente, suas funções. Pode ser hereditária, quando é causada por uma anomalia genética, ou secundária, quando é provocada por outra doença.

Hemoglobina — Molécula presente nas hemácias (células sanguíneas) responsável pelo transporte de oxigênio na circulação sanguínea.

Herança autossômica dominante — Herança na qual existe uma alteração em uma das duas cópias de um gene em um dos cromossomos não sexuais. A chance de transmitir a cópia para os descendentes é de 50% em cada gravidez (*ver*: coreia de Huntington).

Herança autossômica recessiva — Herança na qual são necessárias alterações nas duas cópias de um gene, uma de origem paterna e outra de origem materna. A probabilidade de um casal transmitir as duas cópias para os descendentes é de 25% em cada gravidez (*ver*: anemia de Fanconi, anemia falciforme, doença de Tay-Sachs, fenilcetonúria, fibrose cística, hipotireoidismo congênito, mucopolissacaridose, talassemia).

Hipotireoidismo congênito — Doença genética, geralmente de herança autossômica recessiva, na qual os indivíduos nascem com deficiência do hormônio da tireoide. O diagnóstico neonatal (teste do pezinho) é muito importante porque o tratamento com administração de hormônio previne o desenvolvimento de um retardo mental severo.

Imunossupressores — Compostos que impedem (ou diminuem) a reação imunológica do organismo, por exemplo, no caso de transplante de órgãos.

Incesto — Relação sexual entre parentes próximos, como pai-filha, mãe-filho ou irmãos. Na maior parte dos países, é legalmente proibido, mesmo que haja consentimento de ambas as partes. É considerado um tabu em quase todas as culturas humanas.

LEUCEMIA — É um tipo de câncer das células brancas do sangue (leucócitos). Esta doença começa na medula óssea e se espalha para outras partes. Divide-se em leucemias linfocíticas e mieloides (os dois principais grupos de leucócitos) e pode se apresentar nas formas aguda ou crônica, dependendo da velocidade com que aparecem os sintomas e como evolui. Nos jovens, a forma mais comum é a leucemia linfocítica aguda, e nos adultos, a leucemia mieloide aguda e a linfocítica crônica.

LINFOMAS — São um grupo de doenças que se originam nas células do sistema linfático. Esse sistema é constituído de órgãos e tecidos que produzem, armazenam e distribuem os glóbulos brancos do sangue que combatem as infecções e outras doenças. O linfoma é um tipo de câncer que surge quando uma célula do sistema linfático normal se transforma em uma célula maligna, crescendo descontroladamente e espalhando-se pelo organismo.

LINHAGENS CELULARES — Linhagens de determinado tipo de células cultivadas em laboratório.

MAL DE ALZHEIMER — Doença causada pela perda progressiva e pela deterioração da memória resultante do acúmulo de placas senis no cérebro. Na maioria dos casos o mal de Alzheimer não é hereditário.

MAL DE PARKINSON — Doença causada pela perda de neurônios dopaminérgicos ou responsáveis pela produção do neurotransmissor dopamina no sistema nervoso central.

MARCADOR GENÉTICO — Um gene ou outra porção identificável do DNA cuja herança pode ser seguida (*ver:* cromossomos, DNA, gene).

MICROSORT — É uma tecnologia exclusiva desenvolvida para separar esperma com maior probabilidade de gerar um menino ou uma menina.

Mucopolissacaridose (mps) — Doença genética, geralmente de herança autossômica recessiva, causada por erros inatos do metabolismo. Os afetados têm uma diminuição na atividade de certas enzimas, causando acúmulo de substâncias em estruturas celulares chamadas lisossomos. Pode ser causada por alterações em vários genes e o quadro clínico é bastante variável.

Mutação — Qualquer alteração hereditária permanente no dna (*ver*: cromossomos, dna, gene).

Nanismo — Condição caracterizada pela baixa estatura e que pode ser causada por diferentes mutações genéticas.

Óvulo enucleado — Óvulo do qual foi retirado o núcleo que contém quase todo o dna.

Portadores ou heterozigotos — Indivíduos que possuem apenas uma mutação em determinado gene. Como possuímos duas cópias de cada gene, esses indivíduos são assintomáticos para doenças recessivas (*ver*: mutação, cromossomos, dna, gene).

Projeto Genoma Humano — Foi lançado formalmente em 1990, reuniu centros universitários de dezoito países, inclusive do Brasil, com o objetivo de sequenciar todo o genoma e obter um catálogo completo de cada gene. Os dados visam ampliar a compreensão da genética humana e desenvolver terapias mais eficazes para a cura de doenças (*ver*: gene, genética, genoma).

Proteína — Composto orgânico complexo que pode ser constituído por centenas ou milhares de aminoácidos que são a unidade básica das proteínas.

Reprodução assistida — Reprodução realizada em clínicas de fertilização.

Reprogramação celular (células iPS ou *induced pluripotent stem-cells*) — Técnica pela qual células já diferenciadas podem ser reprogramadas para se comportar como uma célula embrionária. A técnica é realizada por meio da ativação de três ou quatro genes fundamentais no início da embriogênese (*ver:* células reprogramadas).

RNA (ARN) — ou ácido ribonucleico, normalmente é o responsável por levar as instruções codificadas nos genes para sintetizar as proteínas da célula.

SELEÇÃO DE EMBRIÕES — Escolha de embriões produzidos por fertilização assistida a partir do diagnóstico pré-implantação.

SEQUENCIAMENTO — É a técnica utilizada para determinar em que ordem as bases, contidas no DNA, se encontram. É sua sequência de bases que irá determinar a sequência de aminoácidos de uma proteína. Há quatro tipos de bases, ou "letras químicas": A (adenina), C (citosina), G (guanina) e T (timina). O DNA humano é composto de 3,1 bilhões de pares de bases (*ver:* DNA, código genético).

SÍNTESE DO DNA — Duplicação do DNA do núcleo de uma célula, no momento anterior à divisão celular, permitindo que cada uma das "células-filhas" tenha genes idênticos em seu núcleo (*ver:* célula, DNA, DNA recombinante).

SURDEZ HEREDITÁRIA — Surdez causada por mutações genéticas. Existem mais de cinquenta genes responsáveis pela surdez hereditária.

TALASSEMIA — Doença sanguínea causada por alteração na cadeia da hemoglobina. Geralmente tem herança autossômica recessiva. Pode ser de vários tipos, como talassemia beta, alfa etc.

TERAPIA GÊNICA — Tratamento de doenças por meio da alteração de genes. Particularmente promissora nas doenças genéticas, cuja causa primordial é o defeito em um gene. A terapia gênica é, portanto, uma forma de "consertar" um gene defeituoso. No futuro, permitirá que os médicos intervenham diretamente nos segmentos anormais do DNA responsáveis por doenças genéticas e outras, como o diabetes.

Testes genéticos — Exames para avaliar alterações no DNA, na expressão dos genes ou em seus produtos.

Testes preditivos — Testes genéticos, realizados em pessoas assintomáticas para avaliar a existência de mutações ou alterações nos genes que poderão determinar ou estimar o risco de aparecimento de doenças no futuro.

Transferência genética — Incorporação de novo DNA às células de um organismo, em geral por meio de um vetor como um vírus modificado. É utilizada em terapia gênica (*ver:* terapia gênica).

Transgênico — Organismo produzido de forma experimental, no qual se introduziu artificialmente DNA de outra espécie. É muito citado em plantas, mas pode ser feito com animais.

Saiba mais

BERLINGUER, Giovanni. *Bioética cotidiana*. Brasília: Editora UnB, 2004.

BRAUDE, Peter. "One child at a time: reducing multiple births after IVF". *Human Fertilisation and Embryology Authority*. pp. 23-9, outubro 2006.

CARNEIRO, Fernanda & EMERICK, Maria Celeste (orgs.). *Limite: a ética e o debate jurídico sobre acesso e uso do genoma humano*. Rio de Janeiro: Fiocruz, 2000.

DAVIS, Dena S. *Genetic dilemmas*. 2ª ed. Nova York: Oxford University Press, 2010.

DIAFÉRIA, Adriana. *Patentes de genes e a tutela dos interesses difusos*. Rio de Janeiro: Lúmen Juris, 2007.

DINIZ, Débora (org.). *Admirável nova genética: bioética e sociedade*. Brasília: Letras Livres/Unb, 2005.

DINIZ, Débora & COSTA, Sérgio. *Ensaios: bioética*. 2ª ed. São Paulo: Brasiliense, 2006.

DOBKIN, Bruce; CURT, Armin & GUEST, James. "Cellular transplants in China: observational study from the largest human experiment in chronic spinal cord injury". *Neurorehabil Neural Repair*. 20: 5-13, março 2006.

FACLER, Martin. "Risk taking is in his genes". *New York Times*, Nova York, 11 de dezembro 2007.

GARRAFA, Volnei & COSTA, Sérgio Ibiapina F. (org.). A bioética no século XXI. Brasília: Editora Unb, 2000.

GARRAFA, Volnei. "Bioética cotidiana". *Caderno Saúde Pública* [on-line]. pp. 333-4. vol. 21, n. 1, 2005.

_____ (coord.). *Declaração universal sobre bioética e direitos humanos*. Brasília: Sociedade Brasileira de Bioética/Unb, 2005.

GELLER, L. N. et alii. "Individual, family, and societal dimensions of genetic discrimination: a case study analysis". *Sci Eng. Ethics* 2: 71-88. Reimpresso em *The double-edged helix: social implications of genetics in a diverse society*. Baltimore: The Johns Hopkins University Press, 2003.

GIBRAN, Khalil. *O profeta*. São Paulo: Martin Claret, 2003.

GOLDENSTEIN, David. "Common genetic variation and human traits", *N Engl J Med* , 360:1696-98, 23 de abril 2009.

GREEN, Ronald. *Babies by design: the ethics of genetic choice*. New Haven: Yale University Press, 2008.

HALLIKAINEN, T. et alii. "Association between low activity serotonin transporter promoter genotype and early onset alcoholism with habitual impulsive violent behavior". *Mol Psychiatry*. (4):385-8, julho 1999.

HANDYSIDE, Alan. "Let parents decide". *Nature*, vol. 464, ensaio 7291, pp. 978-9, 2010.

JAZEDJE, T. et alii. "Stem cells from umbilical cord blood do have myogenic potential even without differentiation induction in vitro". *J Transl Med*. 14;7:6, janeiro 2009.

JAZEDJE, T. et alii. "Human fallopian tube: a new source of multipotent adult mesenchymal stem cells discarded in surgical procedures". *J Transl Med*. 18;7(1):46J, junho 2009.

KITCHER, Philip. *The lives to come: the genetic revolution and human possibilities*. Nova York: Touchstone, 1997.

LI, M. et alii. "Widespread RNA and DNA sequence differences in the human transcriptome". *Science*, 19 maio 2011.

NISHIMURA, A; OLIVEIRA, J. R. & ZATZ, M. "The human serotonin transporter gene explains why some populations are more optimistic?". *Molecular Psychiatry*. 14(9):828, setembro 2009.

PICOULT, Jodi. *My sister's keeper*. Nova York: Atria Books, 2004.

PLOTZ, David. *The genius factory: the curious history of the Nobel Prize Sperm Bank*. Nova York: Ramdom House, 2005.

RIFKIN, Jeremy. *O século da biotecnologia*. São Paulo: Makron, 1999.

SECCO, M. et alii. "Multipotent stem cells from umbilical cord: cord is richer than blood!". *Stem Cells*. 26(1):146-50, janeiro 2008.

SECCO, M. et alii. "Mesenchymal stem cells from umbilical cord: do not discard the cord!". *Neurom. Disord*. 18:17-18, 2008.

SECCO, M. et alii. "Gene expression profile of mesenchymal stem cells from paired umbilical cord units: cord is different from blood". *Stem Cell Rev*. 5(4):387-401, dezembro 2009.

SEGRE, Marcos & COHEN, Cláudio. *Bioética*. 3ª ed. São Paulo: Edusp, 2002.

SILVER, Lee. *De volta ao Éden*. São Paulo: Mercuryo, 2001.

SWEENEY, H. Lee. "Gene doping". *Scientific American*, 21 de julho 2004.

TAKAHASHI, Kazutoshi & YAMANASHI, Shinya. "Induction of pluripotent stem cells from mouse embryonic and adult fibroblast culture by defined facts". *Cell*, 24 de abril 2006.

VIEIRA, N. M. et alii. "Human multipotent adipose derived stem cells restore dystrophin expression of Duchenne skeletal muscle cells *in vitro*". *Biol Cell*. 100(4):231-41, abril 2008.

VIEIRA, N. M. et alii. "Dystrophic mice express large amount of human muscle proteins following systemic delivery of human adipose-derived stem cells without immunosupression". *Stem Cells*. 26 de junho 2008.

Vieira, N. M. et alii. "Human multipotent mesenchymal stromal cells from distinct sources show different in vivo potential to differentiate into muscle cells when injected in dystrophic mice". *Stem Cell Rev.* 6(4):560-6, dezembro 2010.

Werner, Melinda. "How to be popular during the olympics: be H. Lee Sweeney, gene doping expert". *Scientific American*, 15 de agosto 2008.

Wertz, Dorothy C. & Fletcher, John C. "Ethics and genetics: an international survey". *The Hastings Center Report*. vol. 19, n. 4, pp. 20-4, julho e agosto 1989.

Zago, Marco Antonio & Covas, Dimas Tadeu. *Células-tronco: a nova fronteira da medicina*. São Paulo: Atheneu, 2006.

Zatz, Mayana. "Stem-cells researches in Brazil: present and future challenges". *Stem Cell Rev*. 19 de fevereiro 2009.

Sites úteis

Aliança Brasileira pela Doação de Órgãos e Tecidos — Adote
<http://www.adote.org.br/index.php>

Associação Brasil Parkinson
<http://www.parkinson.org.br/explorer/index.html>

Associação Brasileira de Alzheimer
<http://www.abrazsp.org.br/>

Associação Brasileira de Distrofia Muscular
<http://www.abdim.org.br/>

Associação Brasileira de Esclerose Lateral Amiotrófica
<http://www.tudosobreela.com.br/home/index.asp>

Associação Brasileira de Esclerose Múltipla
<http://www.abem.org.br/>

Associação de Diabetes Juvenil
<http://www.adj.org.br/site/default.asp>

Associação Nacional de Assistência ao Diabético
<http://www.anad.org.br/>

Blog Mayana Zatz
<http://veja.abril.com.br/blog/genetica/>

Centro de Estudos do Genoma Humano
<http://genoma.ib.usp.br/>

Instituto Nacional do Câncer — Inca
<http://www2.inca.gov.br/wps/wcm/connect/inca/portal/home>

Registro Nacional de Doadores de Medula Óssea
<http://www1.inca.gov.br/conteudo_view.asp?ID=677>

Rede BrasilCord
<http://www1.inca.gov.br/conteudo_view.asp?id=2627>

Sociedade Brasileira de Bioética
<http://www.sbbioetica.org.br/>

ESTE LIVRO, COMPOSTO NA FONTE FAIRFIELD
E PAGINADO PELA NEGRITO PRODUÇÃO EDITORIAL, FOI
IMPRESSO EM PÓLEN NATURAL 70G, NA CORPRINT.
SÃO PAULO, BRASIL, JULHO DE 2022.

Recursos criativos em Gestalt-terapia

LILIAN MEYER FRAZÃO
KARINA OKAJIMA FUKUMITSU
[ORGS.]

summus editorial

RECURSOS CRIATIVOS EM GESTALT-TERAPIA
Copyright © 2021 by autores
Direitos desta edição reservados por Summus Editorial

Editora executiva: **Soraia Bini Cury**
Preparação: **Janaína Marcoantonio**
Capa: **Buono Disegno**
Diagramação: **Crayon Editorial**

Summus Editorial
Departamento editorial
Rua Itapicuru, 613 – 7º andar
05006-000 – São Paulo – SP
Fone: (11) 3872-3322
e-mail: summus@summus.com.br

Atendimento ao consumidor
Summus Editorial
Fone: (11) 3865-9890

Vendas por atacado
Fone: (11) 3873-8638
e-mail: vendas@summus.com.br

Impresso no Brasil

Sumário

Apresentação 7
Lilian Meyer Frazão e Karina Okajima Fukumitsu

1 Arteterapia: recurso milenar que se consolida como prática terapêutica. 11
Selma Ciornai

2 Arte, ousadia e deflexão: práticas para a fluidez do olhar . . 29
Otavio Dutra de Toledo

3 O *clown* terapêutico: a Gestalt-terapia e o universo dos palhaços 57
Rodrigo Bastos e Montserrat Gasull Sanglas

4 Ressignificando histórias de vida 83
Maria de Fatima Pereira Diógenes

5 Oficinas de escrita criativa na formação de Gestalt-terapeutas. 99
Maria Teresa Vignoli (Teca)

6 Aquarela como recurso terapêutico 125
Wanne de Oliveira Belmino

7 Música, Gestalt-musicoterapia e a *awareness* do campo . .149
Paulo de Tarso de Castro Peixoto

8 O trabalho com máscaras: desvelando polaridades 177
Maria Alice Queiroz de Brito (Lika Queiroz)

Apresentação

LILIAN MEYER FRAZÃO
KARINA OKAJIMA FUKUMITSU

Recursos representam possibilidades para expressarmos nosso jeito de ser. A espontaneidade abre um caminho singular pelo qual cada indivíduo trilha o próprio desenvolvimento. Criatividade e espontaneidade, aliadas, são as marcas de todo ser humano que deseja se comunicar com o mundo. Não por acaso, no livro *Gestalt-terapia* (1997), Perls, Hefferline e Goodman mencionam o desprendimento criativo, o qual auxilia as pessoas a lidar com conflitos e situações de crise.

Chamamos esta obra de *Recursos criativos em Gestalt-terapia* porque acreditamos que a criatividade do ser humano é a arte absoluta daquele que deseja se expressar em sua singularidade, em sua forma única de ser. Convidamos autores que utilizam suas artes – no plural, para evidenciar os diversos recursos que podem derivar do campo artístico – para facilitar a ampliação de *awareness* em seus pacientes.

No capítulo "Arteterapia: recurso milenar que se consolida como prática terapêutica", Selma Ciornai apresenta a história e o desenvolvimento da arteterapia, particularmente no contexto da abordagem gestáltica, e ensina, de forma didática e clara, os vários aspectos a ser considerados na aplicação dessa forma de trabalho.

Em "Arte, ousadia e deflexão: práticas para a fluidez do olhar", Otavio Dutra de Toledo afirma: "Há momentos da terapia que pedem um 'remendo' pelo uso da arte". Otavio, em seu belo texto, compõe uma verdadeira tapeçaria com acordes que levam à fluidez daquele que precisa se encontrar.

No capítulo "O *clown* terapêutico: interseções entre a Gestalt-terapia e o universo dos palhaços", Rodrigo Bastos e Montserrat Gasull Sanglas apresentam o universo do palhaço, que propicia um caminho de experimentação, ousadia, criatividade e espontaneidade para lidar com enfrentamentos que uma pessoa julga serem insolúveis. A fluidez e a ampliação de *awareness* podem ser ampliados pelo *clown* terapêutico.

Trabalhar com histórias e contos de diferentes maneiras é o caminho escolhido por Maria de Fátima Pereira Diógenes no capítulo "Ressignificando histórias de vida". Nele, a autora acompanha seus clientes em cada fragmento da reconstrução da existência deles.

No capítulo "Oficinas de escrita criativa na formação de Gestalt-terapeutas", Maria Teresa Vignoli (Teca) afirma: "[...] Escrever livremente nos revela a nós mesmos e instaura uma forma própria de articular pensamentos e estudos com a vida em si, com a caminhada pessoal". Teca se dedica a oficinas de escrita há muitos anos e compartilha conosco sua experiência.

No capítulo 6, "Aquarela como recurso terapêutico", Wanne de Oliveira Belmino mostra que "a prática da aquarela é um recurso que permite realizar um contato profundo com a sensorialidade, as emoções, e quando mediado em contexto terapêutico leva a descobertas importantes e transformações necessárias [...]".

No penúltimo capítulo deste volume, "Música, Gestalt-musicoterapia e a *awareness* do campo", Paulo de Tarso de Castro Peixoto afirma que "a música nos leva a lugares desconhecidos em nós. Ela acessa caminhos obscuros que se abrem a partir da sua fluidez e das sonoridades estrangeiras ao mundo das palavras".

E, finalmente, no último capítulo deste volume, "Trabalho com máscaras: desvelando polaridades", Maria Alice Queiroz de Brito (Lika Queiroz) percorre magistralmente o significado da máscara ao longo do tempo e explica como sua utilização pode promover um experimento vivencial visando ao crescimento e ao desenvolvimento do paciente.

Assim, este volume se propõe a enriquecer o trabalho clínico do Gestalt-terapeuta com o uso dos múltiplos recursos artísticos possíveis.

Desejamos aos leitores bom proveito!

1
Arteterapia: recurso milenar que se consolida como prática terapêutica

SELMA CIORNAI

ARTETERAPIA: INTRODUÇÃO E HISTÓRIA

A arte tem sido, através dos tempos, um meio de conferir significado a fatos da natureza e da vida, organizando e dando sentido às experiências humanas. Também tem sido utilizada em processos terapêuticos e de cura em todas as culturas ao longo da história. O uso terapêutico das artes remonta às civilizações mais antigas, pois desde tempos imemoriais os seres humanos utilizam recursos como artes visuais, dança e música para expressar seus medos e desejos, bem como em rituais de cura e de invocação da proteção de deuses e forças da natureza.

Na verdade, desde nossos primórdios, arte, linguagem e socialização se desenvolveram juntas. E, com as artes, surgiu a capacidade de imaginar, simbolizar e criar metáforas, respondendo à necessidade do ser humano de criar e se expressar simbolicamente.

O aspecto simbólico da arte é universal, independentemente de cultura, época ou país. Segundo Bachelard (2015), a arte é a "linguagem da alma". Seu uso em terapia permite ao indivíduo reconectar-se com essa capacidade primordial de simbolizar e comunicar-se por meio de metáforas. Imagens, cores e formas sempre expressaram o indizível, o mistério, o que não é traduzível em palavras ou o que ainda mal se vislumbra, proporcionando-nos, como terapeutas, uma porta mágica de entrada para a intersubjetividade. Mas a arte tem desempenhado também outra função, muito importante para aqueles que trabalham como terapeutas: ensinar a sonhar e expressar sonhos em imagens concretas, imaginar transformações e vislumbrar realidades diversas, representando-as na arte. Nesse sentido, Bachelard (2015, p. 17-18) escreve: "A imaginação não é a capacidade de formar imagens da realidade; ela é a faculdade de formar imagens que ultrapassam a realidade, que cantam a realidade. É uma faculdade de sobrerrealidade".

Nos dias de hoje, a arte continua a exercer a função de expressar sentimentos, experiências internas e interacionais, percepções, sonhos, ideias, utopias; a ensinar as pessoas a descristalizar o olhar e a ver o velho e o desconhecido de distintas perspectivas, por vezes ressignificando-os; a desconstruir e reconstruir percepções; a ampliar nossa consciência sobre as relações entre partes e totalidades; a perceber o que não vemos no que olhamos; a dar expressão à nossa complexidade; a construir metáforas, dar forma ao nosso imaginário; a aprender a respeitar o mistério e a beleza da vida e da natureza. No entanto, foi apenas no final do século 19 que a arte passou a interessar psiquiatras, que perceberam que os trabalhos artísticos de seus pacientes podiam auxiliar na elaboração de diagnósticos e, posteriormente, no tratamento.

Nessa mesma direção, Freud escreveu sobre o poder da arte de expressar conteúdos reprimidos do inconsciente (que influi nas escolhas humanas, mas não obedece às leis do pensamento lógico e racional), sobre seu poder catártico e sublimatório, debruçando-se com interesse sobre as imagens dos sonhos e o trabalho de vários artistas.

Jung foi além ao estudar o poder revelador da arte, postulando a criatividade como função estruturante e enfatizando a importância da linguagem simbólica. Compreendia o símbolo como um elemento organizador de energias psíquicas, com potencial tanto de expressar conteúdos reprimidos (como Freud) como de sinalizar conteúdos prospectivos, possibilidades futuras e dimensões espirituais. Jung relatou suas experiências pessoais com arte e imagens, propondo que seus clientes expressassem conteúdos oníricos por meio de representações plásticas.

No período entre as guerras, e especialmente após a Segunda Guerra Mundial (na década de 1940-50), educadores como Victor Lowenfeld pontuaram a importância da expressão artística no desenvolvimento humano de maneira geral e no infantil em particular. A arte-educação floresceu e, concomitantemente a ela, surgiu a arteterapia, com o trabalho pioneiro de Margareth Naumburg. Esta expandiu a atuação em arte-educação que desenvolvia em uma escola de vanguarda em Nova York para o âmbito da saúde mental em hospitais.

Segundo ela, a atividade de expressão livre desenvolvida nos contextos de arte-educação poderia ser utilizada beneficamente em contextos terapêuticos, destacando o poder de comunicação simbólica, elaboração, estruturação cognitiva e emocional da atividade artística. Quase ao mesmo tempo, Edith Kramer, arte-educadora que imigrou para os Estados Unidos depois da Segunda Guerra, teve papel fundamental na gênese da arteterapia ao defender que a atividade artística seria, em si, terapêutica, prescindindo de análises e elaborações verbais. Trabalhando com crianças órfãs, muitas das quais sobreviventes de campos de concentração, Kramer ficou conhecida como a voz da "arte *como* terapia", e Naumburg como a voz da "arte *em* terapia", historicamente duas correntes no pensamento e na prática arteterapêutica que, na verdade, se complementam, apesar dos enfoques diferentes.

Nos anos 1960, com a eclosão e difusão das terapias expressivas, profissionais de diversas abordagens passaram a inserir o uso de linguagens expressivas e não verbais em seus trabalhos e em seu repertório de intervenções e propostas terapêuticas. Além da arteterapia (que tradicionalmente utiliza recursos expressivos das artes plásticas), surgem a musicoterapia, a dançaterapia e as terapias corporais.

Em 1965, Janie Rhyne, artista e arte-educadora com mestrado em Arte e Antropologia, foi a Esalen em busca dos *workshops* com Fritz Perls, que estavam gerando comentários entusiasmados nos movimentos de contracultura da época e atraíam todos os que buscavam alternativas às terapias tradicionais.

Durante dois anos, participou intensamente de treinamentos e sessões de psicoterapia. Ao trabalhar suas questões pessoais, às vezes trazia desenhos. Perls, que também era pintor, se interessou, e lhe propôs que desenvolvesse experimentos de arte com os grupos que conduzia. Enquanto trabalhava com Perls, Janie desenvolveu grupos de autoconhecimento utilizando recursos artísticos em sua casa-ateliê no bairro de Haight-Ashbury, São Francisco, reduto *hippie* naquela época. E assim nasceu a arteterapia gestáltica, inicialmente chamada de *Gestalt Art Experience* – título do seu primeiro livro (em português, *Arte e Gestalt – Padrões que convergem*). Ao ter contato com seu trabalho, a Associação Americana de Arteterapia a convidou para ingressar na instituição. Em 1969, a pedido e por sugestão de Perls, fundou, com dois colegas, o Instituto Gestalt de São Francisco, onde tive o privilégio de me formar Gestalt-terapeuta.

ARTETERAPIA: O QUE É, PARA O QUE É E PARA QUEM É

"Arteterapia" designa a utilização de recursos artísticos em contextos terapêuticos. Como área de conhecimento mais formal, teve início nos anos pós-guerra, com a constatação de que imagens de arte podem representar a realidade interna das pessoas e ajudar a expressar percepções, ideias e sentimentos que, muitas vezes, as palavras não conseguem alcançar.

Imagens, metáforas e símbolos constituem pontes para a comunicação intersubjetiva, facilitando a compreensão do que se passa e está sendo vivido e expresso pelo outro – facilitando, portanto, a empatia e a criação de vínculos no contexto terapêutico. A Associação Americana de Arteterapia assim descreve esse campo:

> A arteterapia é uma profissão que integra saúde mental e serviços sociais, enriquecendo a vida de indivíduos, famílias e comunidades

por meio do fazer artístico, de processos criativos e de teorias psicológicas [...] no contexto de uma relação terapêutica. Facilitada por um arteterapeuta profissional, [...] melhora as funções cognitivas e sensório-motoras, promove a autoestima, os *insights*, a autoconsciência e a resiliência emocional, além de aprimorar habilidade sociais, reduzir e resolver conflitos e sofrimentos e promover transformações sociais e ecológicas. (American Art Therapy Association, 2017)

Sendo interdisciplinar, a arteterapia exige conhecimento de disciplinas da psicologia, da arte e da arteterapia propriamente dita, e pode enriquecer sensivelmente a atuação de profissionais que trabalham com relações de ajuda.

Pode ser utilizada em processos de avaliação, desenvolvimento pessoal, interpessoal e grupal, processos de autoconhecimento, expansão de consciência e elaboração simbólica, ajudando no desenvolvimento da criatividade, da autoestima e da autoconfiança. A arteterapia utiliza a capacidade humana de criar imagens, metáforas e símbolos em representações artísticas com os quais podemos dialogar, favorecendo o surgimento de *insights* – pois, como um canal mágico, a arte ajuda as pessoas a adentrar a própria sensibilidade e o próprio mundo interior.

A abordagem é utilizada em contextos de atendimento individual, familiar ou grupal, com pessoas de várias faixas etárias e nos contextos mais variados: escolar, hospitalar, psicoterápico, comunitário etc. Quando vivida em grupos, ajuda a criar vínculos grupais, identificar e processar questões da dinâmica grupal e, também, a contatar e mobilizar os recursos e potenciais dos membros desse grupo ou comunidade – não só pelas trocas, como também pelo fato de que, frequentemente, criações coletivas propiciam o resgate do sentido de pertinência e o sentimento de orgulho que dele decorre.

Outro aspecto importante a ser mencionado é que a obra pode ser olhada e avaliada em diversos momentos, possibilitando que reflexões sobre o processo e seu conteúdo perdurem e se desdobrem no tempo. É possível, por exemplo, comparar trabalhos realizados ao longo de um período, percebendo quais características permaneceram e quais se transformaram. Esse tipo de observação traz informações valiosas ao cliente e ao terapeuta quando estes se debruçam juntos sobre os trabalhos criados; e, também, à avaliação de casos em equipes interdisciplinares.

É importante assinalar que o que diferencia o processo de arteterapia de uma aula de arte ou atividade ocupacional é que este sempre se inicia com o pensamento clínico sobre o caso e ponderações sobre os objetivos terapêuticos a ser tomados como norteadores. É isso que conduzirá às sugestões de experimentos, técnicas e materiais, além do que ocorre na imediaticidade do contato. Ou seja, a avaliação do caso e o pensamento clínico vão delinear os objetivos terapêuticos e os recursos arteterapêuticos que poderão ajudar a alcançá-los, não só em relação às experiências e técnicas propostas, como também aos materiais sugeridos. Sem descartar, sem dúvida, o que se passa no aqui e agora do encontro terapêutico, que vai sempre se sobrepor a qualquer planejamento considerado previamente. No entanto essas ponderações ficam sempre de fundo, dando sustentação e contexto às figuras que emergem no contato, isto é, no que se passa no diálogo e na presença plena de ambos.

A ARTETERAPIA GESTÁLTICA

Todas as abordagens arteterapêuticas acreditam no valor terapêutico do processo criativo, mas diferem entre si em virtude das diferentes correntes psicológicas em que se fundamentam. A arteterapia gestáltica segue epistemológica e metodologicamente os princípios da Gestalt-terapia. É uma abordagem processual, em que tanto o processo criativo como o da reflexão sobre o que foi criado são considerados potencialmente valiosos do ponto de vista terapêutico.

O processo criativo é terapêutico *em si*, pois ao criar na arte o indivíduo se dá conta de que é capaz de criar e inovar na vida, isto é, de que pode ser ator e artista da própria existência. Ao atuar, ele se mobiliza energeticamente; o contato e a ação sobre os materiais despertam sensações e emoções e, ao ordenar, dar forma e estruturar esses diferentes elementos, ele também ordena e estrutura suas emoções, percepções, mitos, introjetos, desejos etc.

Por outro lado, ao processar posteriormente o que foi expresso, utilizamos várias técnicas e experimentos clássicos da Gestalt-terapia, como descrever um desenho, pintura ou colagem em primeira pessoa, dar voz aos diferentes elementos de uma composição, possibilitando que dialoguem entre si, e transpor a linguagem plástica para outras linguagens expressivas, como expressão corporal, dança, encenação, canto, poesia, escrita criativa, performance etc.

A psicologia da Gestalt nos inspira também a *con-figurar*, *des-configurar* e *re-configurar* a gestalt total por meio de mudanças na localização de certas figuras no espaço, aumento ou diminuição de tamanho dos elementos, acréscimo ou subtração de partes etc. – experimentos interessantes visualmente que sempre conduzem a *insights* e novas *awareness*.

Além disso, os psicólogos da Gestalt criaram o termo "isomorfismo" – literalmente, "mesma forma" – para pontuar a relação de similaridade entre nossas estruturas internas, nossa forma de nos relacionarmos com os outros e o mundo, com as formas que criamos. Assim, termos que descrevem qualidades da forma – leves ou pesadas, harmônicas ou conflitantes, suaves ou intensas, rígidas ou fluidas, definidas ou indefinidas, com ou sem clareza de limites e contornos, respeito ou não a limites, com ou sem movimento, centralizadas ou mais às margens, com organização estruturada, caótica, confusa, com traços firmes e decididos, ou hesitantes, trêmulos, retocados etc. – (Rhyne 1979, 1987), quando observados, conduzem a hipóteses isomórficas sobre o cliente em questão e sua relação com o campo em que está inserido.

Costumo dizer que o processo terapêutico em arteterapia visa o desenvolvimento do potencial criativo a partir do tripé EXPRESSÃO-IMPRESSÃO-TRANSFORMAÇÃO (Ciornai, 2010-2020).

"Expressão", aqui, é o ato de representar, de maneira pessoal e criativa e por meio da linguagem simbólica e da forma, sentimentos, percepções, ideias etc.; "impressão" no sentido da observação dos trabalhos realizados por si próprio, por artistas ou pelos demais componentes do grupo, seguida de compartilhamento, reflexões e elaborações sobre os trabalhos e imagens criadas; já "transformação" se refere à possibilidade de transformar simbolicamente na arte o que se quer transformar na vida. Em linguagem gestáltica, trata-se da possibilidade de configurar, desconfigurar e reconfigurar crenças, sentimentos, pensamentos pessoais e culturais, pois, à medida que a pessoa que expressa experimenta novas formas na arte, experiencia isomorficamente (isto é, da mesma forma) a possibilidade de vivenciar novas formas de ser e estar no mundo.

As imagens expressas nos trabalhos possibilitam o autoconhecimento e remetem a conteúdos pessoais mobilizados por meio da linguagem simbólica. Na abordagem fenomenológica em que nos pautamos, e que caracteriza a abordagem gestáltica em arteterapia, cada um interpreta a própria linguagem simbólica, pois, como explicita Umberto Eco, todo trabalho de arte é uma "obra aberta" – cada imagem pode ser associada a várias leituras e a vários significados. E o que almejamos alcançar é o sentido que faça sentido *para o cliente*. Além disso, é importante frisar que na arte, ao contrário dos sonhos, a expressão de conteúdos que escapam ao campo da consciência coexiste com formas e conteúdos conscientes e intencionais.

É importante ressaltar que, em nossa compreensão, o significado não está nem no olho de quem vê, nem no que é visto – caso em que um "dicionário de símbolos" seria suficiente para decifrar os sentidos de uma obra. Em outras palavras, o sentido não está nem oculto na obra, precisando de alguém que o decifre (como ocorreu com os hieróglifos com a descoberta da pedra de Roseta), nem apenas na mente do observador. O *sentido está na relação que se estabelece* ENTRE *o observador e o que é observado*, pois nosso olhar não é um receptor passivo de imagens. Segundo Arnheim (1974, 1996), discípulo dos psicólogos da Gestalt, nosso olhar é sempre criativo, sempre organiza e configura – razão pela qual a mesma imagem pode dar margem a várias leituras.

Desse modo, na arteterapia gestáltica, assim como em Gestalt-terapia, trabalhamos como "facilitadores" dos processos de desvelamento do significado de nossos clientes, utilizando para isso dois recursos: 1) a leitura da linguagem da forma aliada ao princípio do isomorfismo, que nos conduz a hipóteses isomórficas; 2) as técnicas conhecidas da Gestalt-terapia, como o ato de dar voz a cada elemento da obra ou à obra como um todo, o diálogo entre partes ou polaridades e a transposição de linguagem, isto é, transpor para encenação teatral, expressão corporal, dança, escrita poética e criativa etc. aquilo que se criou bi ou tridimensionalmente com recursos plásticos.

RELAÇÕES ENTRE CRIATIVIDADE E SAÚDE NA GESTALT-TERAPIA

A relação entre criatividade e saúde, entre funcionamento saudável e funcionamento criativo é básica na Gestalt-terapia (Ciornai, 1995), estando presente em todo o arcabouço teórico e metodológico da Gestalt-terapia.

Um conceito importante para os estudos sobre a criatividade é o de ajustamento criativo, desenvolvido por Perls, Hefferline e Goodman e amplamente utilizado por Gestalt--terapeutas e arteterapeutas que atuam na abordagem gestáltica e humanista. Para esses autores (1997, p. 44-45), todo contato é criativo e dinâmico: "Ele não pode ser rotineiro, estereotipado ou simplesmente conservador, porque tem de enfrentar o novo, uma vez que só este é nutritivo". E prosseguem: "Por outro lado, o contato não pode aceitar a novidade de forma passiva ou meramente se ajustar a ela, porque a novidade tem de ser assimilada"

Já Zinker (2000, p. 15-16), Gestalt-terapeuta bastante conhecido, define criatividade para nós, humanos, de maneira linda e emocionante:

> Criatividade é a celebração da grandeza de uma pessoa, a sensação de que ela pode tornar qualquer coisa possível. A criatividade é a celebração da vida – minha celebração da vida. É uma declaração ousada: "Eu estou aqui! Eu amo a vida! Posso ser qualquer coisa! Posso fazer qualquer coisa!" [...]. A criatividade é a expressão da presença de Deus em minhas mãos, meus olhos, em meu cérebro – em tudo que sou. A criação é a afirmação da divindade de cada um, de sua transcendência para além da luta diária por sobrevivência e do fardo da mortalidade, um clamor de angústia e celebração. A criatividade representa a ruptura dos limites [...]. A pessoa que ousa criar, romper limites, não apenas participa de um milagre como também percebe que, em seu processo de ser, ela é um milagre.

Para esse autor, criatividade e psicoterapia se relacionam porque possibilitam transformação, metamorfose, mudança.

Ostrower (2014), artista plástica e estudiosa da criatividade, também tem um olhar sensível e profundo sobre o processo criativo. Não é Gestalt-terapeuta; porém, de tudo que li sobre criatividade, nenhum autor ou autora me pareceu mais afinado com a visão gestáltica do que ela.

Para Ostrower, esse potencial humano se realiza no contexto cultural. Ao criar, o homem ordena, configura, compreende a si e à vida, relaciona, integra e busca significado, realiza algo e se comunica, transforma a si e à realidade à sua volta. A autora assim escreve sobre a importância da criatividade na vida humana:

Compreendemos, na criação, que a ulterior finalidade do nosso fazer seja poder ampliar em nós a experiência de vitalidade [...]. Criar representa uma intensificação do viver, um vivenciar-se no fazer; e, em vez de substituir a realidade, é a realidade; é uma realidade nova que adquire dimensões novas pelo fato de nos articularmos, em nós e perante nós mesmos, em níveis de consciência mais elevados e mais complexos. Somos nós a realidade nova. Daí o sentimento do essencial e necessário no criar, o sentimento de um crescimento interior, em que nos ampliamos em nossa abertura para a vida. (*op. cit.*, p. 28)

E não são esses os objetivos das terapias, sobretudo as de base humanista? O que Ostrower coloca como características do processo criativo é absolutamente análogo ao que delinearíamos como objetivos de uma boa terapia. E, parecendo nos responder, ela escreve:

> Os processos criativos são processos construtivos globais. Envolvem a personalidade toda, representam um modo de a pessoa diferenciar-se dentro de si, de ordenar e relacionar-se consigo e com os outros. Ao criar, procuramos atingir uma realidade mais profunda do conhecimento das coisas. Ganhamos concomitantemente um sentimento de estruturação interior maior; sentimos que estamos nos desenvolvendo em algo essencial para o nosso ser. (*op. cit.*, p. 142-43)

Ou seja, criatividade, saúde, vida e autorrealização estão intrinsecamente interligadas. Os processos criativos favorecem o autoconhecimento, ajudam a lidar com o novo e possibilitam mudanças e crescimento.

MATERIAIS

Os materiais exercem um papel importante nesse processo; por isso, precisam ser escolhidos com cuidado para facilitar a expressão da dor, das emoções, fantasias e desejos. Essa é uma temática que em si daria outro texto. Basicamente, utilizo o referencial do Contínuo das Terapias Expressivas (ETC) – que aprendi com Kagin e Lusenbrink (1978, 1990) –, em que materiais são categorizados de acordo com o que favorecem em três níveis de funcionamento humano: sensório-motor, perceptual-afetivo e cognitivo-simbólico. Essa abordagem está amplamente descrita no livro *Percursos em arteterapia I* (Ciornai, 2004, p. 104-11), de modo que não vou me repetir aqui. Porém, acrescento que o princípio do isomorfismo nos ajuda bastante a considerar a indicação de materiais e técnicas, pois as características físicas dos materiais facilitam esses processos no cliente – por exemplo, materiais que fluem ajudarão a fluir, materiais maleáveis ajudarão a desenvolver a maleabilidade, e assim por diante.

A ESTRUTURA PARA ATENDIMENTOS EM ARTETERAPIA

Os atendimentos em arteterapia podem ser estruturados em propostas temáticas ou em propostas abertas (quando, a partir de um aquecimento, um tema emerge do grupo) e seguem, em geral, as seguintes etapas (Ciornai, 2004):

- acolhimento;
- aquecimento;

- emergência do tema individual ou grupal (ou de que a criação será sem tema predeterminado);
- envolvimento e elaboração da atividade plástica;
- eventual complementação ou transposição para outra linguagem expressiva;
- observação dos trabalhos, compartilhamento e diálogo com o terapeuta ou com o grupo (quando o atendimento ocorre no contexto grupal), seguido de elaborações terapêuticas;
- eventualmente, desdobramento em um segundo trabalho (individual ou grupal);
- fechamento.

As atividades pautam-se na participação e no desenvolvimento do processo criativo, tendo os seguintes objetivos em cada etapa (Barros *et al.*, 2017):

1. Buscar a criatividade: estimular, por meio de atividades plásticas, a livre e espontânea experimentação prazerosa de materiais e técnicas, e/ou experimentar expressar sentimentos, percepções, memórias ou fantasias através de formas e símbolos da linguagem expressiva, o que implicará o entrar em contato consigo mesmo em processos de autoconhecimento.
2. Impulsionar a criatividade: potencializar habilidades e talentos pessoais, estimulando os participantes a experimentar na arte – e, analogamente, na vida – o processo de construção de novos repertórios, gerando novas experiências, soluções e possíveis novas estratégias, opções e intervenções pessoais nos contextos em que vivem.

3. Empoderar: a arte nos ensina a criar, a ver e perceber; por meio da atividade expressiva, o cliente se sente orgulhoso do que realizou, capaz de criar o novo, o belo, e de transformar suas realidades projetadas na arte.
4. Dialogar e refletir: ao criar e refletir sobre os processos e expressões plásticas, as pessoas "ampliam o conhecimento de si e dos outros, desfrutando do prazer vitalizador do fazer artístico" (Ciornai, 2004).

CONCLUINDO

Recursos de arteterapia podem enriquecer o atendimento de Gestalt-terapeutas em terapias individuais, de casal, em contextos grupais, comunitários ou institucionais, somando-se aos experimentos mais usuais da prática gestáltica. Em tempos em que, em grande parte da população, a sensibilidade humana anda tão embotada, ajudam a despertar emoções, delicadeza e a poesia individual e coletiva. A lançar um novo olhar para a natureza, o mundo e as pessoas com que nos relacionamos – muitas vezes, da forma exclusivamente utilitária que Buber denominou de "Eu-Isso".

Na apreciação mútua de trabalhos, tais recursos nos permitem ver, compreender e apreciar a singularidade de cada indivíduo, transpondo hábitos de indiferença em relação ao outro e estabelecendo relações mais empáticas e humanas com cada um e com o todo a que pertencemos. Sobretudo, nos ajudam a recuperar a delicadeza em relação a nós mesmos, o encantamento pela própria vida e pelo mundo onde vivemos, experienciando o sublime prazer de trazermos novas cores, formas, movimentos e melodias à nossa existência.

REFERÊNCIAS

AMERICAN ART THERAPY ASSOCIATION. "Definition of Art Therapy". jun. 2017. Disponível em: https://www.arttherapy.org/upload/2017_DefinitionofProfession.pdf.

BACHELARD, G. *A água e os sonhos – Ensaio sobre imaginação na matéria*. São Paulo: WMF Martins Fontes, 2015.

BARROS, H. et al. *Ateliê arteterapêutico – Contribuições potenciais aos atendimentos da clínica psicológica do Instituto Sedes Sapientiae*. Manuscrito não publicado, 2017.

CIORNAI, S. "A relação entre criatividade e saúde na Gestalt-terapia". *Revista do I Encontro Goiano de Gestalt-terapia*, ITGT, 1995, p. 72-76.

_____. PowerPoint para aulas de arteterapia gestáltica em centros de formação de Gestalt-terapeutas, 2010-2020.

_____. (org.) *Percursos em arteterapia I*. São Paulo: Summus, 2004.

OSTROWER, F. *Criatividade e processos de criação*. Petrópolis: Vozes, 2014.

PERLS, F. S.; HEFFERLINE, R.; GOODMAN, P. *Gestalt-terapia*. São Paulo: Summus, 1997.

RHYNE, J. *Drawings as personal constructs – A study in visual dynamics*. Ann Arbor: University Microfilms International, 1979.

_____. "Gestalt art therapy". In: RUBIN, J. (org.). *Approaches to art therapy*. Nova York: Brunner/Mazel, 1987.

_____. *Arte e Gestalt – Padrões que convergem*. São Paulo: Summus, 2000.

ZINKER, J. *Processo criativo em Gestalt-terapia*. São Paulo: Summus, 2007.

2
Arte, ousadia e deflexão: práticas para a fluidez do olhar

OTAVIO DUTRA DE TOLEDO

Ao pesquisar o conceito de arte, logo se descobrem tantas definições quantas forem procuradas. Algumas delas recorrem à teoria da Gestalt, enfatizando a pregnância da forma e a influência fenomenológica do observador, daí a interação entre este e o resultado objetivo da produção. Um significado que foge a esse padrão e nos interessa neste ensaio é o da arte como abstração da realidade, como poder de formar um novo universo.

Confrontada com o familiar enunciado "O todo é diferente da mera soma das partes", a arte como criação de universos nos convida a percorrer o caminho inverso ao do enunciado: "Cada parte é passível de formar um novo todo". Exemplos disso são a fotografia e a pintura, do abstracionismo ao realismo mais radicais. Ao abstrair uma parte da realidade, separando um local e um instante específicos, o fotógrafo e o artista plástico organizam uma nova composição de elementos, – como a intensidade da luz, a profundidade e o enquadramento – demostrando que o proposital e o acidental podem se encontrar para formar um novo todo.

Entre o terapeuta e o cliente, a arte não se apresenta apenas nos recursos terapêuticos, mas também nos acervos de ambos, no que acontece em uma sessão ou *workshop*, no que é proposto e em seus eventuais resultados – formam-se, constantemente, "novos todos" que, fluidos, transformam ou ressignificam uma história pessoal. É assim, por exemplo, que o motivo de uma irritação ou vergonha é superado pela estética compartilhada por ambos em certa situação. É quando sentimentos adversos se tornam engraçados e tudo vira um código, um terreno conhecido entre os interlocutores, terapeuta e cliente.

No trabalho terapêutico, a arte pressupõe um paradoxo: a concomitância entre a suspensão fenomenológica e o olhar treinado, entre o olhar curioso e o olhar acostumado às surpresas, ao desfrute e às mudanças na velocidade que a fruição costuma requerer. Cada experimento é um começo, mas quem já teve contato com diversas áreas da cultura e, mais ainda, quem não se limita a uma única cultura ou forma de arte, estará, de início, mais instrumentado para enfrentar o inesperado, o jamais visto, bem como para reagrupar pedaços de velhas experiências, releituras, recomeços, retornos, idas, voltas e despedidas. Uma experiência de transcendência do concreto é por vezes a chave de várias manifestações da criatividade no porvir. Primeiro se faz a varinha; depois, a mágica pode ser infinita. O repertório de cada pessoa, em algum ou em vários aspectos, apresenta familiaridade com atividades simbólicas, fantasiosas e criativas; tanto que, muitas vezes, o primeiro trabalho do terapeuta é criar condições para que o outro valorize o próprio universo, reconectando-se a ele e desejando sua ampliação.

Da mesma maneira, um experimento nos permite, por exemplo, quebrar um discurso estereotipado, ao enfatizar uma frase, uma palavra, certas entonações e conjugações de verbo – tudo a ser experenciado de acordo com o convite de quem está propondo a atividade. Um dos exercícios é convidar o participante a expressar aquele conteúdo, por vezes batido, mecânico e cristalizado, em uma língua que não existe, resultando na procura de um tom que expresse um momento, uma queixa, um sentimento. Mais além, podemos bloquear a emissão de palavras, para que o todo daquele organismo se reorganize e consiga se comunicar: usar mímica ou expressão facial, tocar no interlocutor, apontar um objeto, mudar de posição, respirar, suspirar.

Muitas vezes o terapeuta pede licença à arte e ao artista quando usa em terapia uma produção cujo propósito original não tenha sido o autoconhecimento ou a comunicação, pois, eventualmente, a obra em questão é reduzida a algo muito explícito, sendo esmiuçada até revelar algo que de outra maneira teria permanecido mais vago, multifacetado, abrangente. A comunicação terapêutica não permite ambiguidades pela simples fruição, como é permitido no exercício de apreciar ou participar de um evento artístico; o discurso vago e excessivamente abstrato é adequado apenas quando extremamente necessário e com todo o aparato de segurança, como um chão firme e bem sinalizado por onde se possa ir e voltar, se separar e se reencontrar. A simples fruição, no entanto, é sempre bem-vinda quando o objetivo é praticá-la, convidar a ela quem habitualmente não a exerce.

Embora o acaso seja nosso obrigatório companheiro de empreitada, às vezes ele chega sem ser convidado, quando a prospecção de temas para o trabalho passa por um palpite, uma peça fora do quebra-cabeças habitual do processo de cada um (em grupo, esse convite é constante – por exemplo, quando se acolhe o conteúdo de um dos participantes em detrimento dos outros). De qualquer modo, o acaso deve ser explicitado, como: "Vou fazer uma pergunta, mas não sei se isso vai nos levar a algum lugar, a alguma descoberta", ou: "Vou propor tal assunto, apenas porque nunca falamos nisso".

Em *workshops*, costumamos pedir aos participantes que tragam um objeto representativo do momento recente ou um que tenham vontade de isolar da realidade externa ao experimento, para simbolizar uma história ou um estado de espírito. Em si, esse processo de escolha já costuma fazer que a pessoa aumente o contato consigo mesma e com o momento presente, o que é um bom pretexto, um bom começo de ressignificação do que se está vivendo.

Outro recurso que tem dado resultados surpreendentes é o "safári fotográfico", realizado no percurso de casa ao curso ou ao consultório. Através do fotografar fácil, acessível e instantâneo, muito pode ser representado: paisagens, viagens, praias, montanhas, um piano pesado, pessoas desconhecidas e pessoas conhecidas... tudo passa a ser portátil. Pedir que os clientes tragam imagens significativas, ou dignas de ser apresentadas, além de gerar um precioso material que fala do momento e local de escolha, marca o começo de uma afinação do olhar, do prazer de fragmentar e recompor, isolar e religar, enfatizar uma percepção que muda completamente as possibilidades do olhar.

Poucas transformações são feitas sem ousadia, sem o atrevimento de incluir a inadequação. Mas ousadias terapêuticas que buscam transformações se ancoram em e são facilitadas principalmente pela experiência advinda da prática constante.

A afinação do olhar – assim como a afinação da orquestra – passa por ruídos até que se ache o tom. É por isso que enfatizamos que é desejável, e quase sempre necessário, abandonar os conceitos cristalizados do belo, do aceitável, e questionar os dogmas que poderiam ser enunciados num comentário como "Onde já se viu?" – expressão que, de tão ouvida, não mais aparece como inimiga da presentificação, pois implica que só o velho seria aceito e, desse modo, invalida toda e qualquer novidade.

Portanto, a afinação do olhar se dá no treino, que não exclui o novo e a diversidade, que tenta fazer as pazes com os estranhamentos, que busca a liberação de resultados toscos e feios em detrimento do belo fácil ou autoproclamadamente inatingível, numa profecia autorrealizável que pode ser resumida em "eu não tenho jeito pra isso". O bom treinamento do olhar tenta excluir a subserviência à suposta crítica alheia, à tentação da vontade de ser aceito ou aplaudido. A boa sensibilização do olhar busca sempre outros jeitos, faz estrangeiros os caminhos habituais, integra as possibilidades do ângulo do olhar alheio sem por ele se balizar. Muitas vezes, para que isso se dê, é necessária uma desaceleração – a procura e criação de espaço para os estados de fruição e estesia, mesmo na travessia de eventuais terrenos incômodos.

Ato de desfrutar, de sentir prazer sem as exigências do belo ou do perfeito, mas pelo contato com o que se sente (estesia), o fruir como dinâmica terapêutica pode ser considerado uma das maneiras de se entrar em estado de presentificação. Às pessoas em momentos de ansiedade é indicado incitar esse estado, em que o entorno é apreciado com senso estético, humor, olhos ingênuos ou críticos – mesmo para o já conhecido –, em que o próprio corpo pode assumir novas posturas de interação com o meio e romper fronteiras. Muitas vezes, a presentificação é alcançada por meio da dor e do desprazer e, por exemplo, algum consequente alívio aproxima a pessoa do estado de fruir (um incômodo e doloroso tratamento dentário leva à sensação de prazer pelos dentes livres de dores, tártaro e demais impurezas).

Deflexão, fruir e fluir. Seria a deflexão antagônica ao fruir? Em um primeiro momento, não. Por exemplo, com um guarda-chuva conseguimos usufruir de um passeio por Londres em um típico dia de chuva. É, portanto, possível conhecer o diferente, o que é difícil e negado, sem que seja necessário aderir a ele, mas por meio de alguma aproximação. Quem já esteve no mirante das Cataratas do Iguaçu provavelmente reconhece a importância dos anteparos de proteção para que se possa estar em um ambiente seguro, mas que inclua emoção; algumas pessoas, mesmo com os corrimãos, não conseguem se aproximar das quedas d'água, enquanto outras fazem rapel perto da cachoeira. Há quem não tenha medo de grandes alturas, mas se paralise ao ver uma cobra. O nível de proteção é individual; varia caso a caso.

Por outro lado, quando a deflexão se impõe como hábito, ela deve ser evidenciada, modulada, reavaliada e até escanteada. E o fluir, portanto, se dará apenas com todos os eventuais exageros incluídos.

A definição de deflexão passa pela metáfora do defletor: o que desvia o caminho. Em uma lareira, o defletor é aquela peça que deixa entrar a quantidade suficiente de ar para avivar ou esmorecer o fogo, que cuida para que a temperatura não passe do ponto e ponha a perder o processo. Esse desvio também pode ser caracterizado pelo circunlóquio, por dar voltas necessárias ou desnecessárias para chegar ao assunto, preparando o terreno com diplomacia e delicadeza. A arte tem sido de enorme valia para se introduzir suavemente assuntos que, de outra maneira, seriam árduos, sofridos, incomunicáveis. Assim, eufemismos, circunlóquios, exageros, caricaturas e até o próprio humor estão a serviço da transformação de um ponto de vista, da criação de um possível canal de trocas e comunicação entre os participantes do experimento ou sessão.

Uma cliente, que chorava desde o primeiro contato e não conseguia explicar por que foi convidada a completar a seguinte frase escrita: "Era uma vez uma menina que..."; ela continuou: "...queria fazer terapia, mas não conseguia falar de si". A dinâmica prosseguiu com o terapeuta escrevendo: "Mas ela achava que...", "... seria bom se o terapeuta adivinhasse", "Até que um dia ela..." Nesse momento, a cliente pediu ao terapeuta que assistisse ao filme *O príncipe das marés*. Esse filme contou ao terapeuta que a dificuldade era abordar um abuso sofrido na infância. Lentamente, o diálogo foi se instaurando – primeiro por escrito, nessa atividade em que cada um escrevia uma frase. A comunicação evoluiu para conversas presenciais intercaladas com cartas e, enfim, o diálogo presencial ganhou seu lugar protegido e garantido. Em outros casos, os impedimentos não diziam respeito ao conteúdo, e sim às condições físicas da pessoa: a paciente deficiente auditiva falava e o terapeuta comentava por escrito, recurso que também pode ser usado em caso de limitante transtorno de fluência. Uma cliente francesa, que morava no Brasil havia alguns anos, entendia, mas não falava o português; o terapeuta, apesar de compreender francês, obviamente se expressava melhor em português. Assim, cada um falando em sua língua natal, a comunicação se deu, da melhor forma possível.

Um importante ensinamento que se apreende em situações como essas: há momentos da terapia que pedem um "remendo" pelo uso da arte, como foi a elaboração do texto conjunto do primeiro exemplo. Quer dizer, a situação condiciona a busca recíproca de adaptações, e muitos recursos do ajuste criativo vêm do somatório do repertório pregresso de cada um, além da vontade genuína de trocar o que for possível.

Por outro lado, o excesso de cuidado pode ter efeito oposto e ser deletério, como a lubrificação em demasia, que inviabiliza, inclusive, o funcionamento das máquinas. Tanto que há expressões populares para descrever, por exemplo, uma pessoa escorregadia, alguém que foge do assunto, como em "esse cara é liso!" – alguém difícil de se pegar.

Por vezes, a atitude excessivamente defletora é também uma cristalização, uma maneira que a pessoa desenvolveu para se proteger de invasões, exposição excessiva ou críticas. Esse exagero no amenizar torna a vida morna e monótona, situação que pode chegar ao terapeuta como queixa ou até mesmo levá-lo a ter dificuldade de delinear os contornos daquela pessoa, seus limites, suas características. Essa camada protetora deve ser enfatizada e integrada, pois, até segunda ordem, é parte da pessoa. Muitas vezes, por exemplo, o próprio circunlóquio tenta delimitar uma ausência que precisa ser reconhecida e acolhida, enquanto o processo amadurece as condições de coragem, desapego, enfrentamento de vergonhas e medos para dar lugar ao novo e à sua decorrente integração.

Desse modo, por vezes a deflexão faz o papel de termostato, mantendo a temperatura em intensidade tal que não esfrie e inviabilize a atividade; ou que permita o arrefecimento para que não se passe da temperatura indicada e acabe por queimar o processo; ou, ainda, que dê passagem ao enorme calor requerido para a fusão de elementos ou o derretimento de obstáculos.

A arte pode estar na tentativa de fluidificar as cristalizações da dinâmica "figura e fundo" e ainda aparecer como atividade indicada para ajudar a amadurecer os impasses, como um tapete de Penélope, tecido de dia e desfeito à noite, à espera de algum Ulisses. Poucas metáforas são mais precisas para descrever o ritual de inclusão e afastamento do que as pinceladas do artista que respeitam o tamanho do braço e o alcance do pincel, mas pedem também aqueles dois passos para trás, a fim de não se perder o contexto geral. A arte ajuda a achar os pares, enquanto valoriza o que cada um tem de ímpar; integra o inusitado, o precioso, o necessário, o esquisito; permite agregar o aplauso ao vexame, facilita a presentificação e, como processo ou produto, de maneira ideal, leva-nos a uma das formas mais sublimes de se estar presente: a fruição.

Ourivesaria das palavras. Textos escritos, ouvidos e lidos trazem material bruto para contribuir, facilitar, e às vezes permitir a comunicação necessária entre as partes envolvidas em um experimento e no processo terapêutico, eventualmente longo. Até mesmo um dicionário pode servir para despertar o interesse pela sintonia fina da comunicação, sem falar no dicionário etimológico, que nos auxilia no percurso que existe entre origem, evolução e destino das palavras.

Muitas vezes, precisamos de tradução: a um cliente que apresentava constante rebaixamento de humor, o terapeuta, num gesto espontâneo, disse que ele estaria macambúzio. Quando, curioso, o cliente o questionou sobre essa expressão, o terapeuta o convidou para uma consulta ao dicionário. Ao nomearem um estado de espírito preciso, ambos obtiveram ali uma maior *awareness* do conceito e ampliaram seu decorrente poder transformador. Essa simples prática tem o poder de, a cada descoberta, aprofundar a compreensão mútua, tornando-a mais clara e fluida. A procura da intersecção entre os acervos dos interlocutores é crucial para não nos perdermos na experiência. A pesquisa, no dicionário, da palavra angústia, por exemplo, que vem do grego e quer dizer aperto, opressão, falta de espaço, faz sentido para uma pessoa que sente dificuldade de entrar em contato com o próprio corpo ou com outras situações opressivas. O contato com essa definição acaba por encurtar caminhos, trazer uma melhor acuidade de comunicação, além de promover a *awareness* citada.

Ao preparar o cliente ou o grupo para um experimento, é preciso "fazer o chão", deixá-los à vontade para entrar em território desconhecido sabendo onde estão pisando. Ajuda lembrar que aqui não estamos no território do certo ou errado, e sim do espontâneo/forçado, coerente/incoerente, adequado/inadequado, fácil ou desafiante. Até mesmo ao comentar as situações, o observador deve estar muito atento para a adequação do comentário. Uma pergunta como "Você contou a ela o que fez?" pode ser facilmente confundida com "Aconselho que você conte a ela" ou "Você já deveria ter contado a ela" – o que pode resultar, na sessão seguinte, em "Fiz aquilo que você me aconselhou", embora o terapeuta nada tenha aconselhado.

Outras vezes, a palavra é elemento repetitivo a serviço da inatividade. Ao identificar tal situação, o terapeuta pode recorrer ao teatro e à dança como recursos contra a estagnação e a incompletude. Uma cliente que sempre faltava à sessão explicou que naqueles dias não aguentaria ouvir a própria voz. Essa afirmação é obviamente um pedido da cliente ou das circunstâncias para tentarmos outras maneiras de nos conectar e comunicar. Nesse caso específico, foram adotadas outras formas de comunicação, até que se descobriu e abordou o aspecto que estava excessivo ou até abusivo na interação. Também se reassegurou que tanto o assunto quanto o tempo da sessão estariam sempre no controle da cliente. Mais uma vez, a deflexão a serviço de viabilizar o trabalho.

Excesso de reflexão, "outroladismo", paralisia por exagero de ponderações pedem boa sinalização para que não nos enganemos achando que estamos indo longe quando estamos andando em círculos. O convite a que se explique alguma coisa apenas por gestos ou que se dance ou caminhe pela sala costuma, na mais leve das consequências, resultar em um contato maior com o exagero paralisante, a inadequação, a vergonha, a desestruturação, o choro ou o riso de um ridículo compartilhado. Aqui, a arte consiste em perverter o já conhecido, em forçar um novo caminho, por mais tosco que este pareça no início.

ALGUNS PRÉ-REQUISITOS PARA SE INICIAR UM EXPERIMENTO

Acostumados que estamos às prospecções da prática terapêutica, corremos o risco de não nos sintonizarmos com a eventual inexperiência dos participantes. Um pedido simples como "feche os olhos" pode ser, para algumas pessoas, profundamente ameaçador. Portanto, é sempre bom lembrar alguns pressupostos que devem estar inicialmente claros para quem propõe uma atividade nova ou não usual:

Adequação

Ao propor um experimento, a consigna deve ser inteligível, clara, conferida pelo diálogo. Mesmo assim, às vezes há ruído na comunicação ou na compreensão. Quando a dinâmica proposta é entendida de outra maneira, a pessoa pode inaugurar uma nova e valiosa linha de prospecção – ou, mais frequentemente, instaura-se o caos. Denunciada a confusão de uma ou ambas as partes, parte-se para um recomeço, sempre lembrando que o que mais interessa é o processo.

Cumplicidade

Não perder os participantes de vista, eis outro aspecto de se fazer o chão. Aqui, é preciso ter cuidado para não se deixar levar pelo húbris, encantando-se com a técnica e cometendo o descuido de privilegiá-la em detrimento de atender às necessidades daquelas pessoas naquele momento. É recomendável ter várias propostas de trabalho para não ceder à tentação de "fazer caber", podendo ou não usar as cartas de um "baralho de possibilidades", de modo que se possa escolher bem a carta a ser usada em cada situação.

Timing

Não ceder à ansiedade, o que poderia, por exemplo, transformar um *workshop* numa maratona exaustiva e pouco produtiva. Daí a forte necessidade de se considerar o fundo para dar lugar à cumplicidade dos silêncios, dos hiatos, da preciosa respiração que deve acontecer de maneira intercalada ou concomitante com a atividade proposta. Não se podem esquecer também os exercícios de concisão, a exemplo de um haicai, de um quadro de Mira Schendel, de um Miró – a exemplo dos publicitários que, ao contrário dos terapeutas, são sempre desafiados a dizer muito com poucas imagens ou pouquíssimas palavras.

Também não se deve ceder ao discurso vago, impreciso, verborrágico, lento, interminável. A Gestalt-terapia nos dá a possibilidade de tentar romper ativamente uma estagnação com propostas simples: "Tente expressar o que sente em uma frase, em uma palavra, em um gesto. Continue o que está dizendo, mas sem palavras; use mímica".

Por fim, nessa lista que tenta sinalizar terrenos escorregadios – e sabendo que mesmo assim podemos escorregar –, acrescentamos a necessidade de evidenciar o que está acontecendo; revelar a verdade de um deslize. Desse modo, podemos nos aproximar de um recomeço, de uma nova cumplicidade ou um novo nível de intimidade pelo compartilhamento do erro – sem corrigir como quem usa uma borracha, pois aquele momento aparentemente ruim pode se tornar parte importantíssima do processo.

Um dos meus primeiros empregos, quando ainda era estudante do ensino médio, foi como assistente de uma professora de artes que ministrava aulas para crianças num condomínio residencial. Foi-nos destinado um salão de festas, com tapetes e móveis impecavelmente brancos, para a atividade com os alunos. Não funcionou; a impecabilidade do local inibia tanto alunos quanto professores. A atividade só vingou quando, depois do primeiro acidente em que uma lata de tinta batizou um dos sofás, retiramos os tapetes; o interesse das crianças apareceu e o curso começou (eu deveria ter fotografado aquele sofá, uma obra de arte!). Em uma antiga Bienal de São Paulo havia um artista que pintava frases como "O mais difícil na arte é limpar o pincel". Essa ideia se expande num paradoxo: às vezes não é fácil, mas é imprescindível sujar também o pintor.

Pretexto

Sempre que possível, o pretexto – que pode ou não ser parte da consigna – deve também enfatizar a forma. Por exemplo, para lidar com uma eventual necessidade de desacelerar a velocidade imposta por um deslocamento na cidade, utiliza-se um elemento ou atividade que nos ponha em contato com a calma, o capricho – como uma iluminura, uma daquelas requintadíssimas ilustrações encontradas nos antigos manuscritos, em que cada início de capítulo é celebrado pela primeira letra minuciosamente adornada, mensagem de quando se tinha todo o tempo do mundo para se concentrar em apenas uma coisa.

A poesia, característica abstrata que pode vir em palavras ou não, muitas vezes nos atinge pela maneira profunda e completa como revela aspectos preciosos, naturais, enquanto dá conta de aspectos árduos e complexos que dificilmente seriam enunciados a contento. O que teria levado Fernando

Pessoa a criar a "Nossa Senhora das coisas impossíveis que procuramos em vão"? A desesperança que leva um cliente a trazer uma imagem como essa fica muito bem representada, em precioso formato poético.

Caberia também aqui citar outro exemplo cheio de arte em que, com uma simples colagem, abstraída de um trecho de ópera, ao não querer dar continuidade a uma dessas polêmicas estúpidas que grassam e fermentam nas mídias compartilhadas, a pessoa apenas postou: "Nessun dorma! Ma il mio mistero è chiuso in me" (Que ninguém durma! Mas o meu mistério está guardado em mim). No contexto da ópera *Turandot*, os insones deveriam, em vão, tentar desvendar o mistério do príncipe desconhecido, que só seria revelado aos ouvidos da princesa amada no amanhecer.

Algumas coisas muito difíceis podem, em um primeiro momento, ser apenas anunciadas, como um segredo que espera o dia. O detentor do mistério tem suas razões, mas nesse momento ele já se aproxima mais de sua revelação, que pode acontecer ou não, dependendo da necessidade, do cabimento, do merecimento do interlocutor.

Relevância de obviedades

Nada nos orienta mais do que o óbvio: Norte, Sul, Leste e Oeste. Na arte ou fora dela, um Gestalt-terapeuta nunca pode perder o óbvio de vista. Aliás, em resposta à pergunta "como deve ser o relógio dos profissionais da nossa linha?", os alunos de um curso trouxeram diversas reflexões, algumas muito boas. Um deles sugeriu um mostrador que, em vez dos números, trouxesse sempre a palavra "agora". Ao ser apontado que faltaria o "aqui", chegamos exclusivamente ao modelo analógico, pois a localização do ponteiro dos minutos durante uma sessão daria a precisa Gestalt do percurso a cada momento. Vocês já repararam que em propaganda de relógios analógicos quase sempre os mostradores marcam 10 horas e 10 minutos? Parece que isso se deve mais à boa forma, à simetria; mas por que não 11 horas e 5 minutos? Mistérios da pregnância da forma.

Também os recursos artísticos devem acompanhar o "espírito do tempo". Desde o fim do século 20, observa-se em consultório uma notável liberação diante de assuntos importantes e eventualmente constrangedores. Por exemplo, após a apresentação de um capítulo da série de TV *Sex and the City*, a masturbação feminina passou a ser retratada de forma leve, natural, em primeira pessoa. Havia ali um vibrador em forma de coelhinho que se tornou uma metonímia, um código deflexivo para se tocar no assunto entre as pessoas que tiveram contato com a série. A arte estava em como o tema era abordado: daquele ângulo, as clientes passaram a achar o assunto natural, bonito, engraçado, útil e até glamoroso.

As quebras de tabu são como os ponteiros das horas, a gente sabe que se movem, mas em cada instante parecem paradas. Muitas vezes, infelizmente, há o movimento pendular em que se veem o avanço e o recuo, mas raramente o recuo é definitivo. Assim, filmes, poemas, letras de música são trazidos pelo cliente ou evocados pelo terapeuta como forma de expressar coisas complexas ou embaraçosas, ou até mesmo porque alguém percebeu que aquela seria a "melhor maneira de se expressar um conteúdo" – sendo esta, inclusive e não por acaso, uma das milhares de definições de arte. Às vezes o caminho é inverso, e qualquer um dos participantes (em grupo ou individual) pode pescar pérolas no que foi dito por ele e pelos outros, sublinhar, destacar frases e histórias, extrato que forma um novo todo.

Baralho de opções

O Gestalt-terapeuta não pode entrar em ação terapêutica com um roteiro preconcebido. Uma das maneiras de enfrentar a angústia do vazio diante de horas de *workshop* à frente é levar o que pode ser descrito como um "baralho de opções", várias provocações, pretextos para que as pessoas se conheçam, para que saiam do comum – e não seria também plausível dizer que arte é o que nos força ao incomum? Se alguém nesse momento imaginou uma exceção, isso é o que faz incompletas todas as definições de arte. As atividades devem prosseguir como uma criança que, ao receber um presente, acha mais divertido brincar com a caixa ou o papel do embrulho.

Tais provocações evocam um livro de receitas, algumas inclusive desenvolvidas de maneira acidental; ou alguém duvida que um dia o *petit gateau* foi um bolo tirado do forno antes da hora? As receitas culinárias se submetem à realidade do mercado, da sazonalidade de frutas e legumes, da temperatura do ambiente, da estação do ano, do momento do dia em que a refeição se dá. É precioso o nome "bolinho de chuva", embora ele possa tranquilamente, sorrateiro, caber também em um dia de sol.

Muitos "nãos" e o sim. Nossa prática psicoterapêutica é recheada de "nãos" necessários: cuidado para não projetar, não aconselhar, não inventar doenças para depois tratar, não fazer planos para seu cliente, não desrespeitar suas crenças, não usar o tempo da sessão para nada que não seja de rigoroso interesse do cliente. A criatividade, por outro lado, nos proporciona um enorme "sim". Daí aquelas tentativas que, com o devido chão, o devido contrato entre as partes, podem enriquecer as perspectivas de pessoas que enfrentam momentos inférteis, sensação de desimportância, vergonha, medo, dificuldades.

Dizem que a dificuldade é a mãe da criatividade; o desespero também. Muitas vezes, o laboratório que é cada sessão pode se transformar numa procura em que todos os participantes se responsabilizam pelo processo, seja no tatear de um detalhe ou de uma palavra mais justa, seja na verbalização de uma metáfora mais precisa ou de um provérbio que surge dos confins da memória e por vezes é atualizado naquele momento. Um exemplo: ao se debater com um pessimismo persistente, uma pessoa, sem perceber, parodiou: "A esperança é a única que morre".

Joseph Zinker (2007, p. 15-16) destaca que "a criatividade não é somente a concepção; é o ato em si, a realização do que é urgente, do que exige ser anunciado [...] representa a ruptura dos limites [...] é um ato de coragem que diz: estou disposto a me arriscar ao ridículo e ao fracasso para experienciar este dia como algo inédito.

Inclusão e afastamento

Se uma das principais maneiras de lidar com comportamentos repetitivos, insatisfatórios e dispendiosos em tempo e energia é pervertendo o modo de fazer e ludibriando a percepção habitual, o humor é um dos grandes recursos. Aliás, muitas vezes a estrutura de uma piada é de figura-fundo: duas meninas de quatro anos estão conversando e uma diz para a outra:

"Ontem encontrei um preservativo no pátio", ao que a outra pergunta, "O que é pátio?" Ou os tradicionais quadrinhos publicados nos jornais, em que os movimentos de tese, antítese e síntese surgem em divertida e muitas vezes profunda dialética. O humor perverte e modifica certezas, permite a coexistência de antagonismos absurdos, como nos paradoxos. Citando o grande Groucho Marx, escritor e cômico: "Eu jamais frequentaria um clube que me aceitasse como sócio" – máxima que ilustra muito bem, por exemplo, a situação de pessoas que, sem perceber, fogem dos relacionamentos por meio da escolha constante de candidatos não disponíveis.

Recursos artísticos também podem visar uma mudança de foco, evitar o *staring at*. Essa expressão, que descreve um olhar exagerada ou exclusivamente focado no objetivo, é descrita no livro *Gestalt-terapia* (1997), de Perls, Hefferline e Goodman, quando se aborda o problema dos pilotos da aviação de guerra com dificuldades de se aproximar da pista na hora da aterrissagem: sugeriu-se, então, que os pilotos não olhassem apenas para a pista, mas intercalassem e tentassem incluir o que havia ao redor dela, o que deu ótimos resultados; literalmente, inclusão e afastamento enquanto se faz a aproximação.

Polaridades

Se é verdade que sempre trabalhamos com polaridades, é necessário procurar uma maneira de tentar restaurar a fluidez da dinâmica e da comunicação entre os extremos, caso os polos estejam separados, rompidos, ou um deles, sendo negado, mostre-se obstruído ou proibido. Os recursos artísticos podem estimular essa restauração. Na polaridade caos/ordem, em que, por exemplo, a situação se cristalizou em determinada ordem desinteressante, desestimulante, incômoda, pouco criativa – enfim, insatisfatória –, procura-se perverter essa estabilidade. A ousadia e a contenção, a prudência e a volúpia, a compulsão e o comedimento, o caos e a ordem pedem iguais oportunidades de manifestação. Uma cliente, com intrusivos pensamentos obsessivos, ao ser estimulada a desmoralizar as exigências e os comandos desses pensamentos, conseguiu um título que muito nos ajuda até hoje: "São comentários de uma amiga chata". O verbo que usamos para lidar com a rigidez é "desmoralizar"; desmoralizá-la e dessacralizá-la. Logo após essa rigidez ter se tornado figura, brincamos com ela: "A chata de novo?" "A chata nunca acerta", "Vamos tentar integrar a chata enquanto não caímos na conversa dela". Na polaridade caos/ordem, aqui, vemos o predomínio de UMA ordem específica, e não de uma das possíveis formas de se enfatizar e se ordenar os elementos. A cristalização em determinadas ordens pode caracterizar a falta de maleabilidade do obsessivo, havendo muitas vezes o apego a esse polo apenas por temor ao caos ou em reação a ele.

Caça aos introjetos

É uma atividade obrigatória, inspiradora, crucial. Como os vírus cavalo de Troia dos computadores, eles entram no sistema por meio de qualquer outra coisa aparentemente louvável ou pertinente, ou simplesmente pela repetição ou mesmo à força. Às vezes vale a pena dedicar alguns instantes a tomar contato com frases corriqueiras que aprendemos inteiras e são ditas candidamente, como "quem procura acha", visando enaltecer a imobilidade e a ignorância. Você já se ateve ao significado de frases como "homem não chora" ou "coisa de marica"?

O que você sente ao ouvir palavras como "biscateira", "vagabunda", "malcomida", "à toa"? Esses são exemplos dos inimigos da livre expressão das possibilidades de cada um. Alguns desses exemplos, nem é necessário comentar, estão a serviço de um modelo cultural desumanizador do gênero masculino, enquanto outros visam inibir a livre expressão da sexualidade feminina. Que os deuses e os diabos nos livrem dos malignos introjetos, que o novo possa sempre ser levado em consideração.

A mudança de ponto de vista, um dos efeitos da dinâmica "inclusão e afastamento" já explicitada, pode transformar a visão e apreciação de cada um sobre si mesmo: uma cliente estava envergonhada porque bebeu e acabou falando umas verdades para quem precisava ouvir, e até jogou o conteúdo do copo na cara de alguém que, enfim, merecia. Ao ser questionada, "Se essa mulher fosse personagem de um filme, o que a plateia acharia?", respondeu, a cada pergunta: "Interessante?", "Sim"; "Entediante?", "Não"; "Inadequada?", "Sim"; "O filme ficaria mais ou menos interessante sem ela?", "Menos"; "O que você, na plateia, teria achado dela?", "O máximo". A essa altura da sessão, a cliente já estava começando a rir do assunto, contextualizando, dessacralizando.

Muitas vezes, a história ganha um significado mais precioso, mágico, palatável quando se olha em perspectiva. Os medicamentos antidepressivos levam de três a cinco semanas para começar a fazer efeito, se é que terão o efeito desejado. Com algumas pessoas, nesses longos dias de espera, a imagem frequente que surge em terapia é a travessia do deserto. Esses são exemplos de metáforas que fazem companhia, que ressignificam as situações.

Dare to suck

Bastante ilustrativa, essa atividade é um tipo de ensaio que uma banda desenvolve com regular frequência: seus integrantes se comprometem a ter a coragem e o atrevimento de "fazer feio". Assim como eles, tanto nas artes como na Gestalt-terapia é desejável procurar o estado em que se cria sem o compromisso com o sucesso, o belo, a aprovação, privilegiando a liberdade de tentar, experimentar e errar. Errar não apenas no sentido de cometer um erro, mas principalmente no sentido de vagar pelo desconhecido, arriscar-se a novas possibilidades, ousar, estar pouco ligando, mas muito ligado no processo. Dizem que a *jam session* dessa banda às vezes é terrível, mas muita coisa boa surgiu nessas ousadas tentativas.

Levantamento de acervo pessoal

Podemos simbolizar essa prática com a imagem de "polir a prataria", lavar os objetos esquecidos que perderam o brilho, que esperam situações ideais para ser levados em consideração, situações que raramente se constelam na perfeição. Aqui cabe estimular os passeios que não se tem feito, os escritos esquecidos, os livros para os quais não se encontra mais tempo para abrir na correria dos dias. Nessa atividade, convidamos a todas as vivências possíveis, vividas ou prometidas para nós mesmos, de tudo que pertence ao universo conhecido ou potencial das pessoas envolvidas na situação terapêutica. Claro que também estamos falando do acervo do terapeuta, daquilo que ele aprendeu na vida – de esportes a brincadeiras, piadas, provérbios, truques de mágica, malabarismos, viagens, reflexões, livros, filmes, séries, história, "causos", mentiras, verdades, bons momentos, fracassos. E tudo pode ser compartilhado, ensinado ou aprendido do acervo equivalente de todos os participantes, originando pontes, vocabulário comum em um fecundo território de trocas.

A ARTE COMO PROSPECÇÃO

Falta ainda percorrermos a arte como coleta de dados, em imprevisível e muitas vezes cega e multifacetada prospecção. Visando transcender o discurso habitual, mecânico, cristalizado sobre si mesmo, a simples escolha de objetos, por exemplo, pode falar por nós enquanto usamos a primeira pessoa. A escolha espontânea fala muito de quem se identificou com o objeto – uma técnica simples, segura, protegida e surpreendentemente eficaz, principalmente para iniciar pessoas pouco familiarizadas com experimentos.

A parceria entre os envolvidos nas sessões de psicoterapia permite que diversos assuntos sejam aprofundados, testados, planejados. Reafirma-se então que o essencial é o processo, enquanto os objetivos podem ser desdobrados, digeridos, compartilhados. Por exemplo, o planejamento de uma tatuagem – o tema, a escolha do local do corpo, a maneira como cada um se relaciona com as coisas definitivas – tem sido um mote constante e conveniente para aumentar o contato consigo e com as vontades de cada indivíduo. Aliás, a configuração de cada corpo deve ser levada em consideração: o tema "tatuagem" é caro pela riqueza de aspectos que costuma revelar. Além disso, há de se estar atento para o fato, por exemplo, de que uma série de pequenos desenhos espalhados pelo corpo pode parecer sarampo, sendo tênue e sutil a diferença entre um adorno e uma cicatriz; e também para a diferença entre uma escolha pessoal e um movimento de rebanho (um grupo de primos que, num momento de entusiasmo, resolveu tatuar o nome da cidade italiana dos avós seria ou não a receita para um eventual posterior arrependimento de algum deles?).

Ao escrever sobre a Gestalt-terapia, notamos uma grande correspondência entre a prática e o formato "ensaio" na escrita. Assim como o desenrolar de uma sessão – com seus experimentos e tentativas de fluidificar a dinâmica figura-fundo –, essa técnica, descrita desde o século 16, pode ser entendida pelo significado da palavra francesa que a originou: *essai*, do verbo *essaier*, tatear, ensaiar, tentar, procurar. Como muito bem assinala nossa prática, a alma do experimento está no fazer, muito mais que em qualquer resultado, embora este obviamente seja parte inseparável do todo. Desse modo, escrever tateando, como é característico do ensaio, foi também nossa escolha para registrar a imprevisibilidade, a multiplicidade de caminhos. É notável também a compatibilidade da Gestalt--terapia com o formato *making of*, documentários que acompanham processos de produção cinematográfica enquanto são planejados e realizados.

Proust, a memória e o acaso

Marcel Proust, em sua obra, descreve duas possibilidades de evocação da memória: uma em que tentamos nos lembrar, com esforço, voluntariamente, e outra que é desencadeada pelo acaso, por um cheiro, um gosto, uma música que toca sem que se tenha planejado, como num programa de rádio ou com a tecla *shuffle*. Essa memória incidental e espontânea seria a mais forte, arrebatadora, aquela que leva a pessoa a um fortíssimo sentir. Aí podemos atingir um estado impreciso, sem controle, com atenção inespecífica, propiciando intenso contato – um estado, a partir de então, difícil de ser esquecido.

AGORA, NA PRIMEIRA PESSOA, EU

Gostaria agora de exemplificar o uso que faço dos recursos artísticos, descrevendo algumas possibilidades que levo aos *workshops* que ministro desde 1986 aos alunos do Instituto Sedes Sapientiae. Ressalto que a descrição das técnicas e provocações não prescinde de um intenso treinamento para que caibam nas situações, com os devidos cuidados para não ceder à pura pirotecnia, não projetar, estar seguro para cuidar da funcionalidade do eixo – enfim, estar preparado para lidar com as suas consequências.

Um exemplo é a apresentação de cada participante para o grupo. No caso de alunos que já se conhecem, não faz sentido a autodescrição de quem é quem e o que faz cada um, só para que eles sejam conhecidos pelo novo professor. Portanto, é redundante uma descrição habitual de si em primeira pessoa. Nessa situação, acho rico propor para cada um uma consigna diferente, desconhecida dos demais, distribuída de maneira aleatória. Exemplos:

- Aluno A: faça sua apresentação usando apenas mímica.
- Aluno B: faça sua apresentação falando muito bem de você e, em seguida, se criticando.
- Aluno C: faça sua apresentação como se você fosse um produto a ser vendido.

- Aluno D: faça sua apresentação falando o maior número de palavrões que puder.
- Aluno E: faça sua apresentação usando uma língua que não existe.
- Aluno F: faça a sua apresentação como se você fosse um vizinho bisbilhoteiro fofocando sobre você, falando da sua vida.
- Aluno G: apresente-se enquanto dança ou se movimenta pela sala.
- Aluno H: apresente-se como se você fosse uma criança de três anos.
- Aluno I: Apresente-se afirmando o contrário do que você acha de si (costuma haver confusão com negar o que se é, mas no fim dá no mesmo).

Para uma turma de dezesseis participantes, você pode usar duas vezes as possibilidades citadas. Tenha uma de sobra, no bolso do colete, caso algum participante não queira ou não consiga fazer o que foi pedido. Geralmente essa pessoa vai ficando por último, e você pode conversar com ela reservadamente antes que a dinâmica termine.

Conforme a adesão – ou não – e a resposta do grupo, pode-se incluir uma nova apresentação. Os que querem se reapresentar escolhem as instruções de que gostaram na primeira rodada e foram atribuídas a outros.

Mas... suponha que no momento dessa apresentação um dos participantes manifeste o desejo de revelar algo sensível de si; por exemplo, que descobriu recentemente a existência de um filho. O que acontece? Todo aquele baralho arrumadinho imediatamente cai na lista das propostas inadequadas, e segue-se o fluxo da figura que surgiu, com o seu devido tom (trágico, comemorativo, surpreendente, e assim por diante). Também por isso, a apresentação não deve ser a primeira dinâmica proposta. Para formar um chão, começa-se com algo mais neutro, para sentir o tom do grupo (cansaço, curiosidade, harmonia, confronto). Propõe-se uma atividade de corpo com ou sem inibição da comunicação verbal, ou uma fantasia dirigida que refaz o caminho desde a noite anterior, o acordar, as escolhas e os instantes do dia, até que se chega ao momento atual, com o consequente compartilhar dessa primeira aproximação.

É muito importante, antes de tudo, explicar por que estamos lá, qual é o objetivo e, se possível, dar voz aos desejos de cada um (podemos fazer atividades como escrever uma cartinha para o Papai Noel, escolher três desejos para o Gênio, duas reclamações para o síndico).

No meu trabalho de conclusão de curso, abordei o uso não oracular da consulta aos oráculos, e continuo a usar essa carta sempre que ela cabe. Quem consulta o *I Ching*, por exemplo, é convidado pelo livro a elaborar uma pergunta, enquanto o próprio livro afirma que em uma pergunta realmente bem elaborada estará incluída a sua resposta e quem responde à pergunta é quem consulta, o livro apenas orienta. A pergunta pode acompanhar o participante por todo o *workshop* e tentamos respondê-la incitando a uma aproximação nova, irracional, contemplativa, como observar as formas remanescentes no fundo de uma xícara de café, a forma das nuvens, um borrão de tinta. Pode-se usar também o sorteio de um dos hexagramas, textos do *I Ching* nos quais se combinam duas imagens que, ao mesmo tempo, representam um fenômeno da natureza, um membro da família e uma característica abstrata. A observação desses elementos costuma trazer imagens inusitadas, facilitadoras da fagulha que inicia um novo olhar.

A arte, portanto, permeia o nosso ofício, estando frequentemente disponível, palpável no concreto e sublime nas abstrações, podendo ser usada propositalmente ou não. A arte facilmente foge a nosso controle nas atividades e reflexões do dia a dia, em suas múltiplas manifestações. Nunca é demais recordar que, no experimento, o essencial é se entregar ao novo de maneira dinâmica, pulsante, com ênfase na *awareness*.

A arte pede pregnância, a melhor forma de ser expressa, o que inclui imagens, metáforas, música, mímica, movimentos corporais, coleções, arranjos florais, cenários, vestimentas, uso das cores, o que vier a se destacar nas situações. A vivência da arte pede, portanto – e cada vez mais –, um olhar a ser incitado e que desafie o comum, enquanto se abre espaço para o incomum, sobrepondo as partes do tecido: desfiando, desafiando e costurando as mais diversas texturas formadas pelos fios e pelos espaços vazios entre eles.

REFERÊNCIAS

PERLS, F. S.; HEFFERLINE, R.; GOODMAN, P. *Gestalt-terapia*. São Paulo: Summus, 1997.

ZINKER, J. "Permissão para ser criativo". In: *Processo criativo em Gestalt-terapia*. São Paulo: Summus, 2007.

3
O *clown* terapêutico: a Gestalt-terapia e o universo dos palhaços

RODRIGO BASTOS

MONTSERRAT GASULL SANGLAS

> *A tristeza, os afetos tristes são todos aqueles que diminuem nossa potência de agir. Os poderes estabelecidos têm necessidade de nossas tristezas para fazer de nós escravos.*
>
> (Deleuze, 1998, p. 50)

Universo dos palhaços? Como assim? O que faz esse ser na esfera da Gestalt-terapia? O que ele tem de interessante para ser importado por esse campo? Se a ideia de revelar as aproximações entre esses dois saberes surge de maneira "esquisita" para o leitor, não se aflija. Para nós, também o foi. Primeiramente, quando Rodrigo recebeu um convite para uma oficina de palhaços, no ano de 2009, por um e-mail que mais teve o aspecto de *spam*. E, depois, quando Montserrat, convidada por Rodrigo em 2015, recebeu a proposta com estranhamento.

Do momento do primeiro "não" proferido por nós dois até o apaixonamento pleno por essa arte tão sublime e de fato esquisita (que, na acepção mais próxima do espanhol, significa algo de singular e extraordinária qualidade, primor ou gosto), passaram-se vários anos. E podemos dizer que valeu a pena o mergulho profundo nos estudos e pesquisas, mas, principalmente, nas experimentações que nos foram oferecidas. Abrindo novas *Gestalten* e fechando outras, os palhaços nos proporcionaram conhecer maneiras inusitadas de olhar para os velhos problemas, de lidar com eles de maneira alternativa às formas óbvias que tantas vezes utilizamos para dar conta das situações cotidianas.

Para a maioria dos adultos, uma meia serve para esquentar, um pente para pentear e uma bola para chutar. No mundo *clown*, a meia pode virar uma nadadeira ou uma pata de leão; o pente, um navio alienígena ou um jacaré de estimação; e a bola, ah, esta sim, a bola "de chutar" pode ser, para um palhaço, uma parte da sua barriga, um planeta em miniatura ou uma grande maçã que está dando muito trabalho para ser comida.

Assim é esse universo cheio de surpresas inusitadas, que pode, e muito, auxiliar a nós, terapeutas, e também aos nossos clientes, a obter uma gama incontável de ferramentas para utilizarmos de maneira criativa nas soluções daquilo que, à primeira vista, parece não ter solução. Afinal, não é em busca de outros caminhos que estamos nós e as pessoas que nos contratam? Fazemos aqui e agora um convite a você: que olhe com curiosidade para esse nariz e busque responder o que faz o ser humano tomar uma torta na cara e, em vez de se sentir humilhado, ver nisso uma oportunidade. Senhoras e senhores, é chegada a hora de ousarmos apresentar nossa arte atrevida. O espetáculo já vai começar.

A proposta deste capítulo é ilustrar a figura do *clown* e como se dão o seu processo de construção e as interseções desse percurso com a Gestalt-terapia. Nosso foco aqui está no caminho, e não no arquétipo do palhaço. Esse percurso se dá por meio de jogos que, sob o olhar da abordagem gestáltica, podem se tornar dispositivos clínicos criativos, auxiliares de um trabalho terapêutico potente. Das interseções de ambos surgiu nossa metodologia de trabalho "o *clown* terapêutico", a qual referenciaremos durante o artigo.

O trabalho do *clown* terapêutico tem uma proposta de experimentar o ser no mundo, convidando-o a explorar novos espaços nunca frequentados e a se reconectar com aqueles que foram abandonados e poderiam ser de enorme valor para o momento atual. Como ponto de partida, no adulto nos dirigimos à sua infância esquecida, não em relação à sua biografia, mas sim à maneira como a criança experiencia sua existência. Para isso, o nosso material de trabalho é o brincar, que se vincula ao adulto através do palhaço e todo seu universo. O objetivo é, por meio dos jogos, ampliar a *awareness*, a criatividade e a espontaneidade, assim como incentivar a procura de um ser integral e integrado. Essa metodologia abrange trabalhos individuais e grupais, que são desenvolvidos tanto na clínica como em *workshops*. Temos dedicado especial atenção aos trabalhos grupais, sobretudo às imersões, porque percebemos quanto esses encontros são mobilizadores e profundos; geralmente, os adultos não estão acostumados a compartilhar espaços íntimos, e essas vivências, por si sós, já se revelam cheias de afetações.

Antes de iniciar os trabalhos, devemos dizer que não fazemos distinção entre as palavras *clown* e palhaço, em consonância com outros referentes nesse campo (Jara, 2000; Moreira, 2015; Vigneau 2016). Sabemos que para alguns estudos é necessário compreender as características que diferenciam um *clown* de um palhaço, os que atuam no palco, na rua ou no circo, os "brancos" e "augustos", os palhaços de nariz e os que chegam de rosto descoberto. Porém, o que nos importa aqui não é o que singulariza cada um desses personagens, mas aquilo que os une e os converte em parte de um universo "paralelo" dos adultos. Portanto, usaremos as duas palavras indistintamente.

Alinhados ao pensamento de Moreira (2015), entendemos que o estudo do *clown* tem muito mais que ver com repensar o lugar que queremos ocupar na nossa vida do que com o aprendizado cênico, pois o palhaço não é um ator que representa um papel, e sim alguém que se revela na sua inadequação, colocando-a numa lente de aumento; e, dessa posição de vulnerabilidade, mas também de reconhecimento e apropriação do seu espaço, se relaciona com os outros. Segundo Diz (2011), o que distingue o ator do palhaço é que o primeiro deseja interpretar vários papéis/personagens na vida e o segundo procura interpretar seus vários "eus", assim como uma das propostas da abordagem gestáltica é facilitar ao cliente que este possa experimentar as diversas polaridades que o habitam.

E quem é o palhaço? O palhaço é o idiota, o bobo, o tonto, é aquele que se acha esperto o bastante para passar o colega para trás mas que, de fato, é facilmente enganado. Ele sorri quando lhe sorriem e chora de medo quando tem medo. Também reclama da fome quando tem fome, diz que não gosta quando não gosta e se faz de atrevido e corajoso